Reiner Müller (Hrsg.)
unter Mitarbeit von Lisa Thiel

Fallsituationen aus Arbeitsrecht und Personalmanagement
- Sammlung für Fach- und Hochschulen -

Die Entstehung dieses Buches wurde von meiner Frau Silvia Gropp unterstützt. Sie hat durch ihre explizite Mitarbeit, durch Recherchen, Korrekturen und inhaltliche Hinweise einen wichtigen Beitrag zur Entstehung geleistet. Ein besonderer Dank gilt ihrem Verständnis und ihrer geduldigen Unterstützung.

Fallsituationen aus Arbeitsrecht und Personalmanagement
- Sammlung für Fach- und Hochschulen -

Kapitel I:
Fallsituationen mit arbeitsrechtlichen Inhalten

Kapitel II:
Fallsituationen mit Inhalten aus dem Bereich Personalmanagement

Von
Dipl-Kfm. Reiner Müller
unter Mitwirkung
von Lisa Thiel

Bibliografische Information der Deutschen Nationalbibliothek:
Die Deutsche Nationalbibliothek verzeichnet diese Publikation in der
Deutschen Nationalbibliografie; detaillierte bibliografische Daten sind im Internet über
http://dnb.dnb.de abrufbar.

Herstellung und Verlag: BoD - Books on Demand, Norderstedt
ISBN 978-3-750-4519-26

Der Autor

Diplom-Kaufmann Reiner Müller, studierte an der Universität Mannheim mit den Schwerpunkten Personalwirtschaft, Wirtschaftsrecht, Marketing und Psychologie.

Nach Abschluss des Studiums arbeitete er langjährig zunächst als Personalreferent und dann als Abteilungsleiter im Personal- und Ausbildungsbereich zweier international tätiger Konzernunternehmen aus der Chemie- und IT-Branche.

Seine Aufgabenschwerpunkte lagen in der Rekrutierung von Mitarbeitern/innen, Konzeption und Durchführung von innerbetrieblichen Seminaren und Schulungen sowie in der Betreuung von Auszubildenden als Ausbilder.

Im Anschluss daran war er als Lehrkraft an der Fachschule für Hotelbetriebswirtschaftslehre und Hotelmanagement (FHH) in Heidelberg tätig. Diese Einrichtung ermöglicht Studierenden in zwei Jahren den Abschluss zum staatlich geprüften Betriebswirt. Im Rahmen einer Kooperation mit der Internationalen Hochschule für Wirtschaft, Technik und Kultur (HWTK / Berlin, Baden-Baden) kann auch parallel der Bachelor-Abschluss erworben werden.

Die Schwerpunkte seiner Arbeit bilden folgende Fachgebiete: individuelles und kollektives Arbeitsrecht, Personalmanagement, Schuld- und Vertragsrecht, Handelsrecht, spezielles Hotel- und Gaststättenrecht sowie Mikro- und Makroökonomie.

Parallel dazu war er auch in den o. g. Schwerpunkten mit einem Lehrauftrag an der Dualen Hochschule in Mannheim betraut. Eine weitere Dozententätigkeit im Rahmen der betriebswirtschaftlichen Meisterausbildung (IHK Rhein-Neckar) sowie die Tätigkeit als berufener Prüfer bei der IHK rundet sein Erfahrungsspektrum ab. Derzeit arbeitet er als Buchautor und selbständiger Lehrbeauftragter bei verschiedenen Bildungsinstitutionen.

Die Mitwirkende, Lisa Thiel arbeitete nach einer Ausbildung zur Hotelfachfrau mehrere Jahre in den Bereichen Convention Sales, F&B sowie Veranstaltungsmanagement von Luxushotels. Die Tätigkeitsschwerpunkte lagen hierbei u. a. in den Gebieten der Team- und Eventkoordination sowie in der Betreuung von Privat- und Geschäftskunden. Im Anschluss daran absolvierte sie ein Studium an der Fachschule für Hotelbetriebswirtschaftslehre und Hotelmanagement (FHH) in Heidelberg mit dem Abschluss zur ‚Staatlich geprüften Hotelbetriebswirtin'.

Oftersheim, im März 2020

Reiner Müller

Inhaltsverzeichnis   **Seite**

Abschnitt I:
Fallsituationen mit arbeitsrechtlichen Inhalten aus den Gebieten: 05 - 32

- Tätigkeit von Minderjährigen
- Recht der Kündigung
- Anbahnung von Arbeitsverhältnissen
- Erholungsurlaub
- Befristung von Arbeitsverhältnissen
- Mutterschutz und Elternzeit
- Haftung des Arbeitgebers
- Entgelt ohne Arbeitsleistung

Abschnitt II:
Fallsituationen mit personalwirtschaftlichen Inhalten aus den Gebieten: 33 - 41

- Personalplanung
- Personalbeschaffung
- Personalauswahl
- Personalführung

Aus Gründen der besseren Lesbarkeit wird auf die gleichzeitige Verwendung männlicher, weiblicher und diverser Sprachformen verzichtet. Sämtliche Personenbezeichnungen gelten gleichermaßen für alle Geschlechter.

<u>Vorwort:</u>

Die Zusammenstellung der in diesem Lehrbuch enthaltenen Lösungshinweise erfolgte nach bestmöglicher Sorgfalt und unter Anwendung einschlägiger gesetzlichen Vorschriften. Trotz sorgfältiger Beschreibung der jeweiligen Lösungsdarstellungen, kann es sein, dass grundsätzliche Verständnisprobleme beim Durcharbeiten entstehen. Dies kann auch durch sorgfältig zusammengestellte Lösungen nicht in vollem Umfange verhindert werden. Der Verfasser übernimmt somit bzgl. des Verständnisses des Lesers und eventueller eigener Lösungsansichten keinerlei Haftung in welcher Form auch immer.

<u>Abschnitt I</u>: Fallsituationen mit arbeitsrechtlichen Inhalten

Stoffgebiete:
- Tätigkeit von Minderjährigen
- Recht der Kündigung
- Anbahnung von Arbeitsverhältnissen
- Erholungsurlaub
- Befristung von Arbeitsverhältnissen
- Mutterschutz und Elternzeit
- Haftung des Arbeitgebers
- Entgelt ohne Arbeitsleistung

1. Situationsbeschreibung: „*Der arbeitswillige Minderjährige*"

A (17 Jahre) bewirbt sich beim Unternehmen E um eine Tätigkeit in Form einer geringfügigen Beschäftigung und unterzeichnet einen schriftlichen Arbeitsvertrag. Nach vier Wochen erhält der gesetzliche Vertreter von A Kenntnis über diesen Vorgang und verweigert A die Tätigkeit. Gleichzeitig teilt er E mit, dass er den Arbeitsvertrag nicht genehmigt. E stellt die Zahlung des Entgelts ab dem Zeitpunkt der Nichtgenehmigung mit der Begründung ein, dass somit auch kein Arbeitsverhältnis bestanden habe. Beurteilen Sie die entstandene rechtliche Situation.

Lösungshinweise:
A ist nach § 611a BGB mit dem Unternehmen E einen Arbeitsvertrag eingegangen. Aufgrund der Minderjährigkeit (§ 106 BGB) kann A dies jedoch nur mit Einwilligung des gesetzlichen Vertreters, falls A durch den Vertrag einen rechtlichen Nachteil erlangt. Ein Arbeitsvertrag beinhaltet jedoch neben Rechten auch Haupt- und Nebenpflichten (u. a. die Verpflichtung zur Arbeitsleistung). Allein die Eingehung dieser arbeitsrechtlichen Verpflichtungen ist als ein rechtlicher Nachteil für A zu sehen. Somit ist der Vertrag, da die Einwilligung der gesetzlichen Vertreter fehlt auch nicht rechtswirksam zustande gekommen und damit nichtig (§ 134 BGB). Das Arbeitsrecht hat jedoch Schutzcharakter und es entsteht somit ein faktisches Arbeitsverhältnis (ex nunc-Wirkung), mit der Folge, dass für die bereits geleistete Arbeit auch ein Entgeltanspruch von A gegenüber E besteht.

2. Situationsbeschreibung: „*Der selbständige Minderjährige*"

B (16 Jahre) betreibt ohne Einwilligung des gesetzlichen Vertreters eine Minigolfanlage. Dazu schließt B mit S (21 Jahre) einen Arbeitsvertrag zur Instandhaltung und Pflege ab; hierin wird ein monatliches Entgelt in Höhe von 150,00 Euro vereinbart. Bevor S jedoch die Arbeit aufnehmen kann verweigert der gesetzliche Vertreter, nach Rücksprache mit dem Familiengericht, B jeglichen Betrieb dieses Erwerbsgeschäftes. Beurteilen Sie die entstandene rechtliche Situation.

Lösungshinweise:
Trotz der bestehenden Minderjährigkeit (§ 106 BGB) von B, betreibt dieser in selbstständiger Form ein Erwerbsgeschäft. Nach § 112 BGB bedürfen solche Vorgänge sowohl der Ermächtigung des gesetzlichen Vertreters als auch der Genehmigung des Familiengerichtes. Da beides nicht vorliegt ist der Arbeitsvertrag mit S nichtig (§ 134 BGB) und gegenseitige Ansprüche sind nicht entstanden.

3. Situationsbeschreibung: „*Arbeitnehmer und der Kunde*"

Die Unternehmensgruppe Z (insgesamt 102 Arbeitnehmer, ein Betriebsrat besteht nicht) betreibt im Bundesgebiet mehrere Niederlassungen. A arbeitet seit fünf Jahren in der Niederlassung 1 in München. A gilt als leistungsorientierter, allerdings kommunikativ schwieriger Arbeitnehmer. In letzter Zeit treten verstärkt Beschwerden auf Grund von unfreundlichem Verhalten gegenüber Kunden auf. A wurde wegen dieses Verhaltens bereits zweimal abgemahnt.

Im Rahmen eines Beratungsgespräches kam es zu einer Auseinandersetzung mit einem Kunden, in dessen Verlauf A diesem eine Ohrfeige androhte. Die Geschäftsleitung erwägt zunächst A zu kündigen; als jedoch in der Niederlassung 2 in Stuttgart eine vergleichbare

Stelle frei wird, teilt die Geschäftsleitung A schriftlich, mit Zugang vom 15.01. d. J. mit, dass er mit Wirkung zum 31.01. d. J. dorthin versetzt wird.

3.1 Beurteilen Sie die entstandene rechtliche Situation.

3.2 Wie kann ein Arbeitnehmer grundsätzlich auf eine Änderungskündigung reagieren?

Lösungshinweise:

3.1

Es handelt sich hierbei um eine Änderungskündigung, die nicht auf die Beendigung des Arbeitsverhältnisses, sondern auf den Wechsel des Arbeitsplatzes bzw. Einsatzortes abzielt. Grundsätzlich ist es für einen Arbeitgeber möglich vor einer Beendigungskündigung eine solche Änderungskündigung zu erwägen. Für diese Art der Kündigung gelten die gleichen Voraussetzugen wie für Beendigungskündigungen. Die Schriftform ist eingehalten (§ 623 BGB); allerdings beträgt die Kündigungsfrist bei einer Betriebszugehörigkeit von fünf Jahren, zwei Monate zum Monatsende (§ 622, II, Zif. 2 BGB). Somit ist die Kündigung erst zum 31.03. d. J. rechtswirksam.

Das KSchG kommt ebenfalls zur Anwendung: der Arbeitnehmer ist länger als sechs Monate im Betrieb tätig (§ 1 I KSchG) und das Unternehmen beschäftigt mehr als 10 Arbeitnehmer (§ 23 I KSchG). Somit ist § 2 KSchG anwendbar und die Änderungskündigung muss sozial gerechtfertigt sein (§ 1 II KSchG). Da es sich hier um einen Grund handelt der im Verhalten des Arbeitnehmers liegt, dürfte die Änderungskündigung grundsätzlich zulässig sein.

3.2

Der Arbeitnehmer hat drei Handlungsmöglichkeiten:

1. Er nimmt die Änderungskündigung an; damit gelten die geänderten Arbeitsbedingungen nach Ablauf der Kündigungsfrist.

2. Er lehnt die Änderungskündigung ab; dann wird diese zu einer Beendigungskündigung. Erhebt der Arbeitnehmer diesbezüglich Kündigungsschutzklage (§ 4 KSchG) und verliert vor Gericht, so verliert er auch seinen Arbeitsplatz.

3. Er nimmt die Änderungskündigung unter Vorbehalt an (§ 2 KSchG). Diesen Vorbehalt muss er dem Arbeitgeber innerhalb der Kündigungsfrist, jedoch innerhalb von drei Wochen (21 Kalendertage), nach Kündigungszugang erklären. Des Weiteren muss er ab Zugang der Änderungskündigung auch die Drei-Wochen-Frist des § 4 KSchG (Kündigungsschutzklage) beachten. Unterliegt der Arbeitnehmer in diesem Fall vor Gericht, so gelten nach Ablauf der Kündigungsfrist die neuen Arbeitsbedingungen aber er verliert nicht seinen bisherigen Arbeitsplatz. Gewinnt er, so bleibt der Arbeitsplatz mit den bisherigen Arbeitsbedingungen erhalten.

4. Situationsbeschreibung: „*Der kranke Arbeitnehmer*"

Arbeitnehmer X wird mit schriftlichem Arbeitsvertrag, in dem eine Probezeit von sechs Monaten festgelegt ist, zum 01.06. d. J. im Lagerbereich eingestellt. Bereits in den ersten drei Monaten seiner Tätigkeit fällt X aufgrund eines chronischen Bandscheibenleidens aus. Beim Vorstellungsgespräch war er nach tätigkeitsbezogenen Erkrankungen befragt worden, dies verneinte er, obwohl er bereits bei früheren Arbeitgebern wegen dieser Krankheit ausgefallen war. Am 15.09. d. J. erhält der Arbeitgeber Kenntnis von der Vorerkrankung. Er möchte daraufhin das Arbeitsverhältnis baldmöglichst beenden.

Beurteilen Sie folgende Möglichkeiten einer Beendigung des Arbeitsverhältnisses:

4.1 Anfechtung wegen arglistiger Täuschung - Zugang der Anfechtungserklärung an den Arbeitnehmer am 30.09. d. J.

4.2 Aussprache einer außerordentlichen Kündigung - Zugang des Kündigungsschreibens an den Arbeitnehmer am 30.09. d. J.

Lösungshinweise:

4.1

Durch eine arglistige Täuschung in Form einer Lüge in der vorvertraglichen Phase (culpa in contrahendo = c. i. c.) kommt in der beschriebenen Fallsituation ein Arbeitsvertrag zustande. Die Frage des Arbeitgebers in Hinblick auf das chronische Bandscheibenleiden im Personalfragebogen hat einen konkreten Tätigkeitsbezug und ist somit auch wahrheitsgemäß zu beantworten. Der Arbeitnehmer verletzt hierbei durch eine Lüge die Rechte und Interessen des Arbeitgebers (§§ 311 II, Zif. 1+2, 241 II, 242 BGB).

Ab der Kenntnisnahme der arglistigen Täuschung kann der Arbeitgeber das bestehende Arbeitsverhältnis binnen einer Jahresfrist durch Anfechtungserklärung auflösen (§§ 123 I, 143, 124 BGB). Die Jahresfrist beginnt mit Kenntnis des Anfechtungsgrundes, hier der 15.09. des laufenden Jahres. Da die Anfechtungserklärung bereits am 30.09. d. J. erfolgt, ist die Jahresfrist des § 124 BGB auch eingehalten. Die Anfechtungswirkung nach § 142 I BGB würde nun den Arbeitsvertrag rückwirkend von Anfang an nichtig machen (ex-tunc-Wirkung). Diese Wirkung kommt im Arbeitsrecht grundsätzlich nicht zum Tragen: zwar könnte das bezahlte Entgelt zurückgefordert werden jedoch nicht eine evtl. erbrachte persönliche Arbeitsleistung. Somit entsteht für den Zeitraum von Beginn der Tätigkeit bis zum Zeitpunkt der Kenntnisnahme des Anfechtungsgrundes durch den Arbeitgeber ein faktisches Arbeitsverhältnis (ex-nunc-Wirkung). Der Arbeitsbeginn des Arbeitnehmers erfolgte am 01.06. d. J. und die Anfechtungserklärung durch den Arbeitgeber am 30.09. d. J. Der Zeitraum des faktischen Arbeitsverhältnisses erstreckt sich vom 01.06. bis 30.09. d. J. und ist auch bis zu diesem Datum zu vergüten. Ab dem 01.10. d. J. ist das Arbeitsverhältnis aufgelöst (§ 187 I BGB).

4.2

Nach § 626 I BGB ist eine außerordentliche Kündigung (a. o. K.) immer dann als letztes Mittel (ultima ratio) möglich, wenn wichtige Gründe im Verhalten des Arbeitnehmers vorliegen, die das Arbeitsverhältnis zwischen Arbeitgeber und Arbeitnehmer soweit zerrütten, dass eine Fortsetzung des Arbeitsverhältnisses nicht mehr zumutbar ist.

Die im vorangegangenen Punkt beschriebene arglistige Täuschung hat sich auf eine tätigkeitsrelevante Frage bezogen. Diese Frage war somit rechtlich zulässig und damit vom Arbeitnehmer / Bewerber auch wahrheitsgemäß zu beantworten. Somit dürfte diese Täuschung verbunden mit den Folgeumständen, dass der Arbeitnehmer wegen seiner Erkrankung die Tätigkeiten an dem vorgesehenen Arbeitsplatz überhaupt nicht ausüben kann, nach § 622 I BGB einen wichtigen Grund für eine a. o. K. darstellen.

Dabei ist allerdings zu beachten, dass nach § 626 II BGB eine Ausschlussfrist von zwei Wochen ab Kenntnis des Sachverhaltes vom Arbeitgeber eingehalten werden muss. Somit müsste die a. o. K. bis zum Ablauf des 29.09. d. J. ausgesprochen werden (Fristberechnung: Kenntnis 15.09., Fristbeginn nach § 187 I BGB am 16.09., Fristende am 29.09.). Die a. o. K. wurde jedoch erst am 30.09. d. J. ausgesprochen und damit die Zwei-Wochen-Frist versäumt. Somit ist die a. o. K. unwirksam.

5. Situationsbeschreibung: *„Die neuen Arbeitnehmer"*

Das Unternehmen X (ein Betriebsrat besteht nicht) sucht zur Verstärkung seines Teams mehrere Arbeitnehmer. Auf einem entsprechenden Internetportal schaltet die Geschäftsleitung G eine entsprechende Annonce.

Auszug: „Wir suchen ab sofort engagierte Mitarbeiter für verschiedene Abteilungen: einen Controller (m/w/d) und einen Mitarbeiter (m/w/d) im Bereich IT. Ihr Profil........."

Für die Stelle des Controllers gehen drei Bewerbungen ein: von Frau M, von Herrn H und von Herrn K. Nach Durchsicht der drei Bewerbungen wird deutlich, dass weder Frau M noch Herr H den Vorstellungen der Geschäftsleitung genügen. Daher wird nur Herr K zu einem Vorstellungsgespräch eingeladen. Man einigt sich mit K darauf, dass er zwei Wochen Probearbeiten soll. Während dieser „Schnuppertage" soll K mit pauschal 200,00 Euro für seinen Zeitaufwand entschädigt werden.

5.1   Beurteilen Sie eine solche Regelung („Schnuppertage") aus rechtlicher Sicht.

5.2   Frau M ist enttäuscht und verärgert, da sie nicht die Gelegenheit bekommen hatte sich vorzustellen. Ihr drängt sich der Eindruck auf, dass nur Männer Chancen auf die Position des Controllers haben. Beurteilen Sie die rechtlichen Möglichkeiten von Frau M gegenüber dem Unternehmen X.

5.3   Für die Stelle des IT-Mitarbeiters wird Z eingestellt. Im schriftlichen Arbeits-vertrag ist u. a. Folgendes geregelt:
a) Arbeitszeit von 40 Stunden pro Woche im Rahmen einer Fünf-Tage-Woche.
b) Urlaub gemäß § 3 BurlG.
c) Urlaubsgeld wird nicht bezahlt.
Beurteilen Sie, ob die vertraglichen Regelungen im Hinblick auf gesetzliche Vorschriften wirksam sind.

5.4   Y, ein anderer Arbeitnehmer im IT-Bereich, erhält laut Arbeitsvertrag 30 Arbeitstage Urlaub. Z, der laut § 3 BUrlG (vgl. vorangegangenen Punkt) einen geringeren Anspruch an Urlaubstagen hat, will sich gleichbehandelt wissen und ist mit den unterschiedlichen Urlaubstagen nicht einverstanden. Beurteilen Sie die rechtlich entstandene Situation.

Lösungshinweise:
5.1
Grundsätzlich ist eine solche Vereinbarung zulässig solange es sich um eine unproduktive Eingliederung in betriebliche Arbeitsabläufe handelt. Ein solcher Zeitraum wird auch als Einfühlungsarbeitsverhältnis bezeichnet. Die Dauer eines solchen Einfühlungsarbeits-verhältnisses ist abhängig vom Umfang und der Komplexität einer Aufgabe und ist im Rahmen der genannten Tätigkeit mit einer Dauer von 14 Tagen als angemessen anzusehen. Die Entschädigung von 200,00 Euro muss deutlich als Aufwandsentschädigung bezeichnet werden und darf nicht den Eindruck erwecken, dass es sich um eine Vergütung für die Erbringung von Arbeitsleistungen handelt. Fazit: Die „Schnuppertage" sind in der Gesamtbetrachtung zulässig.

5.2
Es ist anzunehmen, dass Frau M sich auf das Allgemeine Gleichbehandlungsgesetz (AGG) bezieht und sich bezüglich des Geschlechtes diskriminiert fühlt (§ 1, Alt. 3 AGG). Laut § 7 I AGG dürfen Beschäftigte nicht wegen eines in § 1 AGG genannten Grundes benachteiligt werden. Hierbei gelten auch Bewerber (§ 6 I, 2 AGG) als Beschäftigte. Damit könnte Frau M nach § 15 I AGG gegenüber dem Arbeitgeber Schadensersatz geltend machen, sofern dieser den Diskriminierungssachverhalt schuldhaft (§ 276 BGB) verursacht hat. Laut § 22 AGG trägt der Arbeitgeber die Beweislast, dass er nicht diskriminierend gehandelt hat. Der Schadensersatz für die Diskriminierung (immaterieller Schaden) kann bis zu drei Bruttomonatsgehälter betragen (§ 15 II AGG). Für die schriftliche Geltendmachung des Schadensersatzes gilt eine Frist von zwei Monaten ab Kenntnis der Diskriminierung (§ 15 IV AGG). Ein Einstellungsanspruch für den Bewerber besteht nicht (§ 15 VI AGG). Frau M

könnte somit grundsätzlich - unter Fristwahrung - vor dem zuständigen Arbeitsgericht eine Diskriminierungsklage erheben. Die Erfolgsaussichten hierzu sind schwer abzuschätzen.

5.3
a) Arbeitszeit pro Woche:
Nach § 3 ArbZG beträgt die regelmäßige werktägliche Arbeitszeit acht Stunden. Damit ist bei einer vertraglich vereinbarten Fünf-Tage-Woche mit jeweils acht Stunden pro Tag die 40 Stunden-Regelung in der Woche zulässig.

b) Urlaub gemäß § 3 BUrlG:
Eine gesetzliche Regelung in einen Arbeitsvertrag zu übernehmen ist zwar grundsätzlich nicht erforderlich und dient lediglich der Information. Somit steht dem Arbeitnehmer ein Jahresurlaubsanspruch von 24 Werktagen zu. Dies entspricht bei einer Fünf-Tage-Woche einem Anspruch von 20 Arbeitstagen im Jahr.

c) Fehlendes Urlaubsgeld:
Das BUrlG hat keine Regelung bzgl. der Gewährung von Urlaubsgeld; damit stellt Urlaubsgeld eine freiwillige Leistung des Arbeitgebers dar, sofern keine Regelungen in Betriebsvereinbarungen oder Tarifverträgen vorliegen. Zu unterscheiden ist davon das Urlaubsentgelt (§ 11 BUrlG) welches die weitere Bezahlung des Entgelts für die genommenen Urlaubstage darstellt. Dies ergibt sich aus § 1 BUrlG nach dem jeder Arbeitnehmer Anspruch auf bezahlten Erholungsurlaub im Jahr hat.

5.4
Z kann sich gegebenenfalls auf den arbeitsrechtlichen Gleichbehandlungsgrundsatz berufen, wenn mehrere vergleichbare Arbeitnehmer (kollektive Betrachtung) günstigere vertragliche Bedingungen haben. Eine unterschiedliche Behandlung ist allerdings dann zulässig, wenn es sachliche Gesichtspunkte gibt, die eine Ungleichbehandlung rechtfertigen (z. B. mehr Urlaubstage bei längerer Betriebszugehörigkeit, Sonderurlaub für Schwerbehinderte).
Fazit: Da es sich in der Fallsituation um lediglich einen Arbeitnehmer handelt der günstiger behandelt wird, besteht für den Arbeitgeber Vertragsfreiheit (§ 105 GewO), sodass die unterschiedliche Anzahl der gewährten Urlaubstage rechtlich nicht zu beanstanden ist.

6. <u>Situationsbeschreibung:</u> „*Das kostenlose Vorstellungsgespräch*"

Bewerber M hat sich in einem Unternehmen beworben und wird am 01.11. d. J. zu einem Vorstellungsgespräch eingeladen. Da er einen positiven Eindruck hinterlässt, erhält er einen Arbeitsvertrag mit Arbeitsbeginn zum 01.12. d. J. Am 15.12. d. J. bittet er den Arbeitgeber um die Erstattung der ihm entstandenen Fahrtkosten, welche ihm am 01.11. d. J. im Rahmen der Vorstellung entstanden sind. Der Arbeitgeber verweigert dies unter Hinweis auf das Einladungsschreiben mit folgender Klausel: „Bitte nehmen Sie zur Kenntnis, dass Vorstellungskosten jeglicher Art von unserer Seite nicht erstattet werden."
Beurteilen Sie die entstandene rechtliche Situation.

Lösungshinweise:
Lädt ein Arbeitgeber einen Bewerber zu einem Vorstellungsgespräch ein, so entsteht grundsätzlich eine vertragliche Beziehung in Form eines Auftrages (§ 662 BGB). Kommt der Bewerber dieser Einladung nach, wird er zum Beauftragten und der Arbeitgeber zum Auftraggeber. Nach § 670 BGB ist damit der Arbeitgeber (Auftraggeber) verpflichtet, dem Bewerber (Beauftragter) die Aufwendungen in Form der erforderlichen Vorstellungskosten zu

erstatten. Die im Einladungsschreiben genannte Klausel ist jedoch zulässig, sodass kein Anspruch auf Ersatz der Vorstellungskosten entsteht. Da diese Ausschlusserklärung dem Bewerber bereits bei der Einladung zugeht, kann dieser auch frei entscheiden, ob er dennoch den Vorstellungstermin ohne Kostenerstattung wahrnehmen möchte.

7. Situationsbeschreibung: „Bezahlte Arbeitssuche"

Arbeitnehmer N hat sein unbefristetes Arbeitsverhältnis ordentlich zum 31.12. d. J. gekündigt. Am 06.12. d. J. hat er ein Vorstellungsgespräch bei einem anderen Unternehmen, wofür er vom Arbeitgeber für vier Stunden eine bezahlte Freistellung verlangt. Der Arbeitgeber verweigert dies mit der Begründung, dass kein Anspruch auf bezahlte Freistellung für Vorstellungsgespräche besteht. Beurteilen Sie die entstandene rechtliche Situation.

Lösungshinweise:
Nach § 629 BGB haben Arbeitnehmer einen Anspruch auf unbezahlte zeitliche Freistellung zur Stellensuche. Hierbei ist es erforderlich, dass es sich um ein unbefristetes Arbeitsverhältnis handelt und eine Kündigung bereits erfolgt ist (nach gängiger Rechtsprechung gilt dieser Anspruch jedoch auch für befristete Arbeitsverhältnisse). Da die Kündigung des Arbeitsverhältnisses vorliegt, ist somit der Arbeitnehmer für eine angemessene Zeit (§ 242 BGB) für ein Vorstellungsgespräch freizustellen. Eine Freistellung von vier Stunden für ein solches Gespräch dürfte angemessen sein. Ein Anspruch auf Vergütung für diese Zeit besteht jedoch nicht.

8. Situationsbeschreibung: „Der unfreiwillige Urlaub"

Arbeitnehmerin B ist seit dem 01.09.x1 im Logistikbereich eines Unternehmens beschäftigt. B arbeitet als Vollzeitkraft im Rahmen einer Fünf-Tage-Woche. Sie erhält ein monatliches Bruttoentgelt i. H. v. 2.250,00 Euro. Ein Betriebsrat besteht nicht. Am 10.05.x3 wird B beim Diebstahl von hochwertigen Büroartikeln überrascht und erhält noch am selben Tag ein Kündigungsschreiben in Form einer außerordentlichen Kündigung. Sie hat für das Kalenderjahr x3 noch keinen Erholungsurlaub erhalten.

8.1   Ermitteln Sie den Urlaubsanspruch von B im Jahr x3. Gehen Sie davon aus, dass B keinen Urlaub aus dem Vorjahr übertragen hat und im laufenden Jahr noch keinen Urlaub genommen hat.

8.2   Angenommen B kann den Urlaub für das laufende Jahr x3 nicht mehr nehmen. Beurteilen Sie die entstandene rechtliche Situation.

Lösungshinweise:
8.1
Der Jahresanspruch beträgt nach § 3 BUrlG 24 Werktage (bezogen auf eine 6-Tage-Woche). Dies entspricht bei einer Fünf-Tage-Woche 20 Arbeitstagen. Der Arbeitnehmer arbeitet hier in Vollzeit. Die Wartezeit nach § 4 BUrlG (Beschäftigung > 6 Monate) ist erfüllt. Das Beschäftigungsverhältnis besteht im Jahr x3 aufgrund der außerordentlichen Kündigung nur vom 01.01. bis 10.05. des Jahres. Da B nach erfüllter Wartezeit in der ersten Hälfte des Kalenderjahres ausscheidet entsteht nach § 5 I c BurlG ein Teilurlaubsanspruch. Der Arbeitnehmer erwirbt damit einen Anspruch auf ein Zwölftel des Jahresurlaubs für jeden vollen Monat des Bestehens des Arbeitsverhältnisses. Hier liegen nur vier volle Monate Beschäftigungszeit vor (01.01. bis 30.04. d. J.); der Mai zählt somit nicht.
Berechnung des Teilurlaubsanspruch: Für 12 volle Beschäftigungsmonate erhält der Arbeitnehmer 20 Arbeitstage Urlaub p. a., für 4 volle Monate ergeben sich somit 6,6

Arbeitstage Urlaubsanspruch. Nach § 5 II BUrlG werden die 6,6 Arbeitstage auf 7 Arbeitstage aufgerundet. Somit stehen dem Arbeitnehmer für die genannte Beschäftigungszeit im Jahre x3 noch 7 Arbeitstage Urlaubsanspruch zu.

8.2
Kann der Urlaub wegen Beendigung des Arbeitsverhältnisses nicht mehr genommen werden, so ist er - als Ersatz für die arbeitsfreien Urlaubstage - nach § 7 IV BUrlG abzugelten, d. h. dem Arbeitnehmer ist das Urlaubsentgelt auszubezahlen. Nach § 11 I BUrlG bemisst sich das Urlaubsentgelt nach dem durchschnittlichen Verdienst der letzten dreizehn Wochen vor dem Beginn des Urlaubs bzw. Austritts.
Berechnungsformel: Verdienst der letzten 13 Wochen bzw. 65 Arbeitstage (bei einer Fünf-Tage-Woche: 13 Wochen x 5 Arbeitstage). 2.250,00 Euro/65 Arbeitstage = 34,62 Euro je Arbeitstag x 7 Urlaubstage = 242,34 Euro.
Somit hat der Arbeitnehmer einen Anspruch auf Urlaubsabgeltung i. H. v. 242,34 Euro.

9. Situationsbeschreibung: „Beschäftigung und Schwangerschaft"

Arbeitnehmerin A, 24 Jahre alt, ist seit dem 01.06. d. J. in einem Unternehmen beschäftigt. Ihr schriftlicher Arbeitsvertrag ist bis zum 31.05. des Folgejahres befristet.
Am 04.12. d. J. reicht sie in der Abteilung Human Resource eine ärztliche Bescheinigung über Schwangerschaft ein; als voraussichtlicher Entbindungstermin ist hier der 12.05. des Folgejahres genannt.

9.1   Welche Schutzfristen entstehen hierbei für eine Arbeitnehmerin nach dem MuSchG? Ermitteln Sie das Datum an dem die Schutzfrist beginnt.

9.2   Der Arbeitgeber teilt A am 17.04. des Folgejahres schriftlich mit, dass er das Arbeitsverhältnis, wie im Arbeitsvertrag festgelegt, nicht über den 31.05. des Folgejahres hinaus fortsetzen will. A besteht auf Weiterbeschäftigung nach dem 31.05. des Folgejahres, da ihr als schwangere Arbeitnehmerin ein solcher Anspruch zustehe. Beurteilen Sie die rechtlich entstandene Situation.

Lösungshinweise:
9.1
Nach § 3 MuSchG darf der Arbeitgeber eine schwangere Frau sechs Wochen (42 Kalendertage) vor der Entbindung nicht beschäftigen. Damit ergibt sich als letzter Arbeitstag vor Beginn der Schutzfrist der 30.03. d. J.; am 31.03. d. J. beginnt die sechswöchige Schutzfrist.

9.2
Nach § 15 TzBfG endet ein befristetes Arbeitsverhältnis mit Ablauf der vereinbarten Zeit und somit laut Vertrag am 31.05. d. J.; einer speziellen Kündigung des Arbeitsverhältnisses bedarf es nicht. § 17 MuSchG schützt Schwangere vor einer Kündigung aber nicht vor der Beendigung eines befristeten Arbeitsverhältnisses; somit besteht für A kein Anspruch auf Weiterbeschäftigung.

10. Situationsbeschreibung: „Der Ärger mit der Aufregung"

Arbeitnehmer L beginnt den ersten Arbeitstag in einem Restaurant als Servicekraft. Da L direkt nach der Ausbildung diese Tätigkeit übernommen hat, fehlt es noch an entsprechender praktischer Übung. Als er dem Gast G aus einer Karaffe Rotwein nachschenken will, stößt er aus Nervosität die Karaffe um, so dass der Wein auf die Kleidung des Gastes fließt. Als G vor Schreck ausweichen will, fällt er mit dem Stuhl rückwärts zu Boden und bricht sich den Arm. G macht gegenüber dem Inhaber des Restaurants Schadensersatzansprüche aus der Reinigung der Kleidung sowie Schmerzensgeldansprüche wegen des gebrochenen Arms geltend. Beurteilen Sie die entstandene rechtliche Situation aus vertragsrechtlicher Sicht (evtl. deliktsrechtliche Ansprüche des Gastes sollen hier nicht betrachtet werden).

Lösungshinweise:
Arbeitnehmer L ist Erfüllungsgehilfe des Restaurantinhabers (§ 278 BGB). L hat in Erfüllung eines Vertrages für den Inhaber gehandelt (gehen wir von einem Bewirtungsvertrag in Form eines Kaufvertrages aus - vgl. §§ 650, S. 1, 433 BGB). L hat in Folge seiner Nervosität leicht fahrlässig gehandelt (§ 276 I, II BGB). Der Inhaber haftet nun für L in gleichem Umfang wie wenn er selbst den Schaden verursacht hätte. Eventuelle Schadensersatzansprüche von G sind im § 280 I BGB geregelt. Im Hinblick auf den materiellen Schaden (verschmutzte Kleidung) wird der Schaden über §§ 249 I, 251 I BGB und bzgl. des immateriellen Schadens (Armbruch als Gesundheitsverletzung) über § 253 I, II BGB abgewickelt.

11. Situationsbeschreibung: *„Stromausfall mit Vergütung"*

A ist seit fünf Jahren im kaufmännischen Vertriebsbereich eines Elektrogeräte produzierenden Unternehmens (15 Arbeitnehmer) beschäftigt. Trotz regelmäßiger Wartung der Produktionsanlagen kommt es in Folge einer technischen Störung zu einem Kurzschluss, der im gesamten Betrieb zu einem zweistündigen Stromausfall führt. Auch der Vertriebsbereich ist betroffen, sodass die dort beschäftigten Arbeitnehmer ihre Tätigkeit für diese Zeit nicht ausüben können. Bei der monatlichen Entgeltabrechnung stellen A und die anderen Arbeitnehmer in diesem Bereich fest, dass zwei Arbeitsstunden vom Gehalt abgezogen wurden. A verlangt von seinem Arbeitgeber die Vergütung für diese Zeit. Der Arbeitgeber verweigert dies unter Hinweis auf folgende Klausel im Arbeitsvertrag (Auszug): „Eine Vergütung erfolgt nur für die Zeit in der eine Arbeitsleistung tatsächlich erbracht wurde". Beurteilen Sie die rechtlich entstandene Situation.

Lösungshinweise:
Zwischen A und dem Unternehmen besteht ein schriftlicher Arbeitsvertrag (§ 611a BGB). Die technische Störung, die aufgrund eines Kurzschlusses zu einem Stromausfall führte, ist trotz regelmäßiger Wartung entstanden. Obwohl der Arbeitgeber somit diesen Stromausfall nicht zu vertreten hat (§ 276 BGB) kommt es zur Anwendung der Betriebsrisikolehre. Da den Arbeitnehmer ebenfalls kein Verschulden trifft hat der Arbeitgeber nach § 615, 2 BGB das Entgelt weiter zu bezahlen, da der Arbeitsausfall in seinem Einflussbereich liegt. Im Unterschied zum Annahmeverzug des Arbeitgebers, bei dem der Arbeitnehmer seiner Leistungspflicht nicht nachkommen kann, da der Arbeitgeber schuldhaft den Arbeitsplatz nicht anbietet, trifft den Arbeitgeber bei der Betriebsrisikolehre keine unmittelbare Schuld. Die Betriebsrisikolehre stellt somit wie der Annahmeverzug eine Ausnahme des Grundsatzes „ohne Arbeitsleistung keine Vergütung" (§ 614 BGB) dar, wonach das Entgelt nach erbrachter Arbeitsleistung zu bezahlen ist.

12. Situationsbeschreibung: *„Sport und Entgelt"*

Arbeitnehmerin R arbeitet seit dem 01.03. d. J. bei einem Unternehmen als Controllerin. In ihrer Freizeit betreibt sie seit 5 Jahren Gleitschirmfliegen als Sportart. Am 15.03. d. J. zieht sie sich bei einer Landung mit einem Gleitschirm einen komplizierten Unterschenkelbruch zu. Sie ist bis einschließlich 13.05. d. J. arbeitsunfähig. Beurteilen Sie die entstandene Situation nach dem Entgeltfortzahlungsgesetz. Prüfen Sie insbesondere die Voraussetzungen für eine Entgeltfortzahlung und ermitteln Sie die Zeiträume für die entweder Entgelt durch den Arbeitgeber oder Krankengeld durch die jeweilige Krankenkasse bezahlt wird.

Lösungshinweise:

---

1. Anwendungsbereich und Voraussetzungen - §§ 1, 3 I EntgFG, § 617 BGB

§ 1 EntgFG === > Entgeltfortzahlung für Arbeitnehmer (gesetzl. Feiertage / Krankheit)

Voraussetzungen - additiv (Pkt. 1 bis 4):
§ 3 I, 1 EntgFG === > 1. Arbeitsunfähigkeit,
                    2. infolge Krankheit,
                    3. unverschuldet.
§ 3 III EntgFG ===> 4. Ununterbrochenes Arbeitsverhältnis für mindestens
                     vier Wochen (28 Kalendertage).

---

2. Anspruch für EFZ nicht erfüllt (Dauer der Krankheit: 15.03. – 13.05. d. J.)

> > Beginn des Arbeitsverhältnisses: 01.03.
> > Anspruch auf EFZ ab: 29.03. d. J. (nach 28 Kalendertagen)

---

3. Anspruch auf Krankengeld

§§ 44 I, 1 / 46 / 47 I, 1 / 48 I, 1 / 48 I, 2 / 49 I, Zif. 1 SGB V
> > Zahlung von Krankengeld für den Zeitraum: 15.03. - 28.03. d. J.

---

4. Unterbrechung der Zahlung nach SGB V durch Beginn der EFZ

§ 3 I EntgFG: 29.03. - 09.05. d. J. einschl. (6 Wochen = 42 Kalendertage)

---

5. Erneuter Beginn der Zahlung nach SGB V

> > Zahlung von Krankengeld f. den Zeitraum: 10.05. - 13.05. d. J. (Ende der Erkrankung)

---

13. **Situationsbeschreibung:** *„Folgeerkrankung und Entgelt"*

Arbeitnehmer R arbeitet seit 3 Jahren bei einem Unternehmen als Systemanalytiker. Für folgende Zeiten liegt Arbeitsunfähigkeit vor.

a)	Rheuma	18.11.x1	bis	21.12.x1
b)	Asthma	10.01.x2	bis	14.01.x2
c)	Rheuma	04.06.x2	bis	24.06.x2
d)	Rheuma	01.08.x2	bis	21.09.x2
e)	Asthma	04.11.x2	bis	14.12.x2
f)	Asthma	13.01.x3	bis	14.02.x3
g)	Grippe	04.03.x3	bis	15.03.x3
h)	Beinbruch	14.03.x3	bis	02.05.x3

Gehen Sie davon aus, dass die Voraussetzungen für eine Entgeltfortzahlung durch den Arbeitgeber gegeben sind. Emitteln Sie für die genannten Krankheitsbilder die jeweiligen

Krankheitstage und beurteilen Sie für wieviel Tage eine Entgeltfortzahlung durch den Arbeitgeber besteht. Begründen Sie Ihre Entscheidung.

Lösungshinweise:
(EFZ = Entgeltfortzahlung)

Krank-heit	Krank-heitstg.	EFZ in Tg.	Begründung: §§ des EntgFG
a)	34	34	§ 3 I, 1, III (VSS)
b)	5	5	Andere Krankheit, voller Entgeltanspruch. § 3 I, 1
c)	21	8	>> Rest von a) keine volle Entgeltzahlung. >> Keine 6 Mon. zwischen Ende von a) und Beginn von c), >> und keine 12 Mon. zwischen Beginn von a) und Beginn von c). >> § 3 I, 2, Zif. 1 u. 2.
d)	52	0	>> Keine Entgeltfortzahlung (Anspruch auf Krankengeld). >> Keine 6 Mon. zwischen Ende von c) und Beginn von d), >> und keine 12 Mon. zwischen Beginn von a) und Beginn von d). >> § 3 I, 2, Zif. 1 u. 2
e)	41	41	>> Neuer EFZ-Anspruch. >> 6 Monate zwischen Ende von b) und Beginn von e). >> § 3 I, 2, Zif. 1
f)	33	33	>> Neuer EFZ-Anspruch. >> Keine 6 Mon. zwischen Ende von e) und Beginn von f). >> Aber 12 Mon. zwischen Beginn von b) und Beginn von f). >> § 3 I, 2, Zif. 2
g)	12	12	>> Andere Krankheit, voller EFZ-Anspruch. >> § 3 I, 1
h)	50	30	>> Einheit des Verhinderungsfalles, d. h. nur einmal EFZ für 6 Wo. also bis einschließlich 14.04.x3.

14. Situationsbeschreibung: „*Die Arbeitsunfähigkeit*"

In untenstehender Tabelle sind verschiedene Tage genannt, an denen die Arbeitsunfähigkeit (AU) eines Arbeitnehmers beginnt. Beurteilen Sie wann eine Arbeitsunfähigkeitsbescheinigung spätestens vorgelegt werden muss. Gehen Sie dabei vom Kalenderbeispiel einer Fünf-Tage-Woche von Montag bis Freitag aus (Samstag ist kein Arbeitstag). Zu beachten ist hierbei u. a. § 193 BGB. Tarifvertragliche Regelungen bestehen nicht.

	Wochentage an denen die Arbeitsunfähigkeit beginnt:	Zeitpunkt bis zu dem die Bescheinigung spätestens vorgelegt werden muss (§ 5 I EntgFG):
a)	Montag	
b)	Dienstag	
c)	Mittwoch	
d)	Donnerstag	
e)	Freitag	
f)	Sonnabend	
g)	Sonntag	

Lösungshinweise:
Dauert eine Arbeitsunfähigkeit länger als drei Kalendertage, so hat der Arbeitnehmer eine ärztliche Arbeitsunfähigkeitsbescheinigung spätestens an dem darauffolgenden Arbeitstag vorzulegen (§ 5 I EntgFG).

	Tage an denen die Arbeitsunfähigkeit beginnt:	*Zeitpunkt bis zu dem die Bescheinigung spätestens vorgelegt werden muss (§ 5 I EntgFG):*
a)	*Montag*	*Donnerstag*
b)	*Dienstag*	*Freitag*
c)	*Mittwoch*	*Montag (wenn der Sonnabend kein Arbeitstag ist)*
d)	*Donnerstag*	*Montag*
e)	*Freitag*	*Montag*
f)	*Sonnabend*	*Dienstag*
g)	*Sonntag*	*Mittwoch*

15. Situationsbeschreibung: „*Der fehlende Krankheitsnachweis*"

Arbeitnehmerin R arbeitet seit vier Jahren in einem Unternehmen. Sie wird für die Zeit von Di. 29.04. d. J. (erster Tag der Arbeitsunfähigkeit) bis einschließlich Fr. 09.05. d. J. arbeitsunfähig.

15.1 Bis zu welchem Zeitpunkt muss die Arbeitsunfähigkeitsbescheinigung spätestens dem Arbeitgeber vorliegen?

15.2 Kann der Arbeitgeber die Entgeltfortzahlung für obigen Zeitraum verweigern, wenn R die Arbeitsunfähigkeitsbescheinigung erst am 10.05. d. J. vorlegt?

Lösungshinweise:
15.1
Dauert eine Arbeitsunfähigkeit länger als drei Kalendertage, so hat der Arbeitnehmer eine ärztliche Arbeitsunfähigkeitsbescheinigung spätestens an dem darauffolgenden Arbeitstag vorzulegen (§ 5 I EntgFG).

Di. 29.04. d. J. ist der erste Tag der Arbeitsunfähigkeit. Da die Arbeitsunfähigkeit länger als drei Tage (bis einschließlich Fr. 09.05. d. J.) andauert, muss die ärztliche Arbeitsunfähigkeitsbescheinigung dem Arbeitgeber bis spätestens Fr. 02.05. d. J. (bis 24.00 Uhr) vorgelegt werden.

15.2
Der Arbeitgeber kann die Entgeltfortzahlung für die Zeit vom Beginn der Arbeitsunfähigkeit (29.04. d. J.) bis zur Vorlage der Arbeitsunfähigkeitsbescheinigung (09.05. d. J.) verweigern (temporäres Leistungsverweigerungsrecht). Sobald jedoch die Arbeitsunfähigkeitsbescheinigung vorgelegt wird (10.05. d. J.) muss das Entgelt für diesen Zeitraum rückwirkend nachbezahlt werden (§ 7 I, Zif. 1 EntgFG i. V. m. § 320 I, 1 BGB).

16. Situationsbeschreibung: „*Wenn die Zeiteinteilung schwierig wird*"

Eine Arbeitnehmerin beginnt zum 01.01.x1 mit einem unbefristeten Arbeitsvertrag und einer betrieblichen Regelarbeitszeit von 40 Std./Woche ein Arbeitsverhältnis. Am 15.01.x5 erfolgt die Geburt eines Kindes. Nach Ende der Mutterschutzfrist erfolgt am 31.08.x5 ein Antrag auf Teilzeittätigkeit mit 20 Std./Woche (Elternzeit kommt aus finanziellen Gründen nicht in Frage) zum 01.12.x5. Die beantragten 20 Std./Woche sollen auf 5 Tage in der Woche, jeweils von Montag- bis Freitagvormittags von 8.00 – 13.00 Uhr (incl. Pause von 30 Min.) verteilt werden. Das Unternehmen beschäftigt 150 Arbeitnehmer. Es besteht ein Betriebsrat; ein Tarifvertrag bzw. eine Betriebsvereinbarung mit arbeitszeitlichen Regelungen liegen nicht vor. Beurteilen Sie die entstandene Situation vor dem Hintergrund folgender Fragestellungen.

16.1   Der Arbeitgeber lehnt die Lage der Arbeitszeit am 08.11.x5 schriftlich ab (ein betrieblicher Grund hierfür liegt vor). Mit der Verringerung der Arbeitszeit ist er einverstanden. Allerdings kann bzgl. der Lage der Arbeitszeit keine Einigung zwischen Arbeitnehmerin und Arbeitgeber erzielt werden.

16.2   Angenommen ein berechtigter betrieblicher Grund liegt nicht vor. Der Betriebsrat schaltet sich auf Wunsch der Arbeitnehmerin ein, da kein Ergebnis mit dem Arbeitgeber erzielt werden kann. Der Arbeitgeber verweigert den Kontakt mit dem Betriebsrat unter dem Hinweis, dass für diese Angelegenheit der Betriebsrat nicht zuständig sei.

Lösungshinweise:
16.1
Die Arbeitnehmerin stellt am 31.08.x5 einen Antrag auf eine Teilzeitbeschäftigung. Nach § 2 I TzBfG gilt ein Arbeitnehmer als Teilzeitbeschäftigter, wenn seine regelmäßige Wochenarbeitszeit kürzer ist als die eines vergleichbaren vollzeitbeschäftigten Arbeitnehmers. Dieser Sachverhalt liegt hier vor, da sich die betriebliche Regelarbeitszeit der Arbeitnehmerin von 40 Stunden/Woche auf 20 Stunden/Woche verkürzen würde.
Grundsätzlich ist der Anspruch auf eine Teilzeittätigkeit im § 8 TzBfG verankert. Damit dieser Anspruch tatsächlich entsteht, müssen die folgenden drei additiven Voraussetzungen erfüllt sein:

    a. Persönlicher Geltungsbereich (§ 8 I TzBfG): die Betriebszugehörigkeit (BZG) des Arbeitnehmers muss länger als sechs Monate sein (BZG > 6 Monate).
        == > Arbeitnehmerin ist bereits im 5. Beschäftigungsjahr.
    b. Betrieblicher Geltungsbereich (§ 8 VII TzBfG): der Betrieb muss mehr als 15 Arbeitnehmer beschäftigen (Betriebsgröße > 15 Arbeitnehmer).
        == > Das Unternehmen beschäftigt 150 Arbeitnehmer.
    c. Antragsfrist (§ 8 II, 1 TzBfG): der Antrag auf Teilzeitbeschäftigung muss spätestens drei Monate vor deren Beginn gestellt werden.

== > Berechnung der Antragsfrist:
- *31.08.x5 - Stellung des Antrages.*
- *01.09.x5 - Beginn der Drei-Monats-Frist (§ 187 I BGB).*
- *30.11.x5 - Fristende.*

Da die Teilzeittätigkeit erst am 01.12.x5 beginnen soll, wurde der Antrag fristgerecht gestellt.

Nach § 8 III TzBfG hat der Arbeitgeber mit dem Arbeitnehmer die gewünschte Verringerung der Arbeitszeit mit dem Ziel zu erörtern zu einer Vereinbarung zu gelangen. Des Weiteren hat er mit dem Arbeitnehmer Einvernehmen über die von ihm festzulegende Verteilung der Arbeitszeit zu erzielen. Die Arbeitnehmerin hat eine Verringerung der Arbeitszeit auf 20 Stunden/Woche (Umfang) beantragt und eine Verteilung innerhalb der Fünf-Tage-Woche von Montag- bis Freitagvormittag von 8.00 bis 13.00 Uhr angegeben.
Zwar hat der Arbeitgeber der Verringerung (Umfang) der beantragten Teilzeittätigkeit von 20 Stunden/Woche zugestimmt (§ 8 IV TzBfG), die gewünschte Verteilung auf die fünf Wochentage jedoch aus betrieblichen Gründen abgelehnt.
Da sich Arbeitgeber und Arbeitnehmer nach § 8 V TzBfG nicht über die Verteilung der Arbeitszeit einigen konnten, muss der Arbeitgeber spätestens einen Monat vor dem Beginn der beantragten Teilzeit dies gegenüber dem Arbeitnehmer schriftlich ablehnen; versäumt er diese Frist, so gilt die vom Arbeitnehmer gewünschte Verteilung der Arbeitszeit.
Berechnung der Mitteilungsfrist:
- *08.11.x5 - Mitteilung über die Ablehnung der gewünschten Verteilung.*
- *09.11.x5 - Beginn der Monats-Frist (§ 187 I BGB).*
- *08.12.x5 - Fristende.*

Da die Teilzeittätigkeit bereits am 01.12.x5 beginnen soll, und die Mitteilungsfrist bzgl. der Ablehnung der Arbeitszeit-Verteilung erst am 08.12.x5 abläuft, wurde damit die Monatsfrist nicht eingehalten. Wäre die Frist eingehalten worden und die betrieblichen Gründe vom Arbeitgeber nachweisbar gewesen, so wäre die gewünschte Arbeitszeit-Verteilung der Arbeitnehmerin zunächst nicht zum Tragen gekommen.
Fazit: Die Teilzeittätigkeit tritt am 01.12.x5 wie von der Arbeitnehmerin beantragt sowohl im Hinblick auf die gewünschte Verringerung als auch auf die gewünschte Verteilung in Kraft.

2.
Bezüglich der Verteilung der Arbeitszeit auf einzelne Wochentage und der Verringerung der Arbeitszeit ist ein Mitbestimmungsrecht des Betriebsrates nach § 87 I, Zif. 2 und 3 BetrVG abzuleiten; dies ist auch für den Fall einer Teilzeitbeschäftigung anzunehmen.
Sollte allerdings der Betriebsrat die Teilzeittätigkeit eines einzelnen Arbeitnehmers im Hinblick auf evtl. negative Auswirkungen im Hinblick auf die Arbeitszeit anderer Arbeitnehmer ablehnen (kollektiver Sachverhalt), so muss der Arbeitgeber der Ablehnung des Betriebsrates Rechnung tragen.

17. **Situationsbeschreibung: „*Die Sache mit der Mehrarbeit*"**
Ein Arbeitnehmer ist in einem unbefristeten Arbeitsverhältnis beschäftigt und bezieht ein monatliches Bruttoentgelt i. H. v. 2.500,00 Euro. Die betriebsübliche Arbeitszeit auf der Basis eines Tarifvertrages beträgt monatlich 169 Stunden. Im Monat Juni des Jahres arbeitet er insgesamt 190 Stunden. Die tarifvertragliche Regelung lautet im Hinblick auf geleistete Mehrarbeit wie folgt:
Der Mehrarbeitszuschlag beträgt:
- von der 1. bis 13. Überstunde im Monat 25 %,
- von der 14. bis 29. Überstunde im Monat 35 %,
- von der 30. Überstunde im Monat an 50 %.

Ermitteln Sie den Betrag des Gesamt-Brutto-Arbeitsentgelts.

Lösungshinweise:
Nach § 107 GewO ist ein Arbeitgeber verpflichtet dem Arbeitnehmer eine nachvollziehbare
Abrechnung über die Zusammensetzung des Arbeitsentgelts in Textform (vgl. § 126b BGB)
auszuhändigen.
< Mehrarbeit = 21 Stunden im Monat Juni
< Mehrarbeitsvergütung je Std. = 2.500 Euro / 169 Std. = 14,79 Euro/Std.
< 1. bis 13. Std. = 14,79 Euro/Std. x 13 = 192,27 x 25% = 48,07 Euro
< 14. bis 19. Std. = 14,79 Euro/Std. x 8 = 118,32 x 35% = 41,41 Euro

2.500,00 - laufendes Brutto-Entgelt
+ Mehrarbeit + Mehrarbeitszuschläge 25 %
+ 192,27 Euro (Mehrarbeitsvergütung)
+ 48,07 Euro (Mehrarbeitszuschläge)
= 240,34 Euro
+ Mehrarbeit + Mehrarbeitszuschläge 35 %
+ 118,32 Euro (Mehrarbeitsvergütung)
+ 41,41 Euro (Mehrarbeitszuschläge)
= 159,73 Euro
= 400,07 Euro - Summe: Mehrarbeit + Mehrarbeitszuschläge
= 2.900,07 Euro - Gesamt-Brutto für Monat Juni
(== > Gegenkontrolle: 21 x 14,79 = 310,59 + 48,07 + 41,41 Euro = 400,07 Euro)

Exkurs: Schematischer Aufbau einer Entgeltabrechnung
Laufendes Brutto-Entgelt
+ Zuschläge (z. B. Mehrarbeit, Nacht- und Feiertagszuschläge)
+ Arbeitgeberzuschuss zu vermögenswirksamen Leistungen
= sozialversicherungspflichtiges Entgelt (siehe unten Gesamt-Brutto)
- monatlicher Steuerfreibetrag
= steuerpflichtiges Entgelt
Gesamt-Brutto
- Lohnsteuer
- Solidaritätszuschlag
- evtl. Kirchensteuer
- Krankenversicherungsbeitrag (AN-Anteil)
- Pflegeversicherungsbeitrag (AN-Anteil)
- Rentenversicherungsbeitrag (AN-Anteil)
- Arbeitslosenversicherungsbeitrag (AN-Anteil)
= Netto-Entgelt
- vermögenswirksame Sparleistungen (Arbeitnehmer)
= Auszahlungsbetrag

18. Situationsbeschreibung: „Wenn das Entgelt ausbleibt"
Im Rahmen eines Arbeitsvertrages ist geregelt, dass die monatliche Entgeltzahlung (incl. aller Entgeltbestandteile) jeweils am 15. eines Monats zu erfolgen hat. Das Gesamt-Brutto-Arbeitsentgelt für den Monat Mai des laufenden Jahres x1 beträgt 2.900,07 Euro (laufendes Arbeitsentgelt und Mehrarbeitsvergütung). Bis zum 31. Mai x1 ist noch keine Zahlung auf das Konto des Arbeitnehmers eingegangen. Erst am 11. Juni x1 geht eine entsprechende Überweisung auf das Entgeltkonto ein. Beurteilen Sie die entstandene Rechtslage.

Lösungshinweise:
1. Vertragliche Grundlage
Arbeitsvertrag mit Arbeitnehmereigenschaft (§ 611 BGB i. V. m. § 611a BGB) und Fälligkeit der Vergütung durch den Arbeitgeber (§§ 612, 614 BGB).

2. Vermutete Störung
Zahlungsverzug des Arbeitgebers:
a) Leistungszeit: § 271 II BGB - Leistungszeit ist bestimmt - "bis zum 15. eines laufenden Monats".
b) Mahnung: § 286 II, Zif. 1 BGB - Zahlungstermin ist kalendarisch bestimmt - Mahnung ist nicht erforderlich.
c) Verschulden des Zahlungsschuldners: § 286 IV BGB - aber: bei Geldschulden liegt Zahlungsrisiko beim Schuldner - § 270 I BGB.
Fazit aus a)+b)+c): Zahlungsverzug des Arbeitgebers liegt vor.

3. Ansprüche des Arbeitnehmers
a) Regress in Form von Verzugszinsen
- *Verzugszeitraum: Verzug ab 16. Mai x1 - Verzugstage: 16. Mai x1 bis 10. Juni x1 = 26 Kalendertage.*
- *Verzugszinsen nach § 288 I BGB - 5 % über dem Basiszinssatz (BZS) wenn ein Verbraucher (§ 13 BGB) beteiligt ist; Umkehrschluss aus § 288 II BGB, wenn "ein Verbraucher nicht beteiligt ist" (Arbeitnehmer gilt als Verbraucher). § 247 BGB - angenommener (BZS) zur Berechnung: -0,88 % (negativer BZS). Verzugszinssatz = 5 % minus 0,88 % = 4,12 %.*
- *Berechnung des Verzugszinses (Z) = (2.900,07 x 4,12 x 26) / (100 x 365) = 310.655,48 / 36500 = 8,51 Euro.*
- *In der Rechtsprechung ist noch nicht abschließend geklärt ob ein Arbeitnehmer beim Zahlungsverzug des Arbeitgebers (Unternehmer nach § 14 BGB) auch noch einen Anspruch auf eine Pauschale i. H. v. 40,00 Euro hat (§ 288 V BGB).*

b) Klage des Arbeitnehmers
Der Arbeitnehmer kann eine Entgeltklage vor dem zuständigen Arbeitsgericht einreichen (§ 2 I, Zif. 3a ArbGG).

c) Zurückbehaltung der Arbeitsleistung
Der Arbeitgeber kann gegenüber dem Arbeitgeber eine Abmahnung mit Fristsetzung bzgl. der Entgeltzahlung aussprechen und bei Fristversäumnis ein Zurückbehaltungsrecht nach § 273 I BGB in Form der Verweigerung der Arbeitsleistung geltend machen. Nach der Rechtsprechung des Bundesarbeitsgerichtes sind dazu mindestens zwei ausstehende Entgeltzahlungen erforderlich.
Besonderheit: durch die Abmahnung des Arbeitnehmers gegenüber dem Arbeitgeber (wörtliches Angebot an den Arbeitgeber reicht aus - vgl. § 295, 2 BGB) gerät der Arbeitgeber in Gläubigerverzug (Gläubiger der Arbeitsleistung), da er die erforderliche Handlung in Form der nachträglichen Entgeltzahlung nicht vornimmt. Daraus ergibt sich auch für den Zeitraum der Leistungsverweigerung durch den Arbeitnehmer ein Vergütungsanspruch (§ 615, 1 BGB i. V. m. § 326 II, 1 BGB).

d) Kündigung durch den Arbeitnehmer
Nach Abmahnung des Arbeitgebers durch den Arbeitnehmer mit erfolgloser Fristsetzung zur
Entgeltzahlung, kann der Arbeitnehmer nach § 626 BGB gegenüber dem Arbeitgeber eine
außerordentliche Kündigung aussprechen (vgl. Rechtsprechung des Bundesarbeitsgerichtes).

19. Situationsbeschreibung: *„Arbeitgeber und Betriebsrat"*

Am Informationsbrett der „Game & Fun GmbH" mit 270 Arbeitnehmern und 10
Auszubildenden befindet sich am 12. Dezember d. J. folgender Aushang. Der Betriebsrat ist
aufgebracht, da er von den neuen Regelungen keinerlei Kenntnis hatte und erwägt Klage vor
dem zuständigen Arbeitsgericht aufgrund der Verletzung seiner Mitbestimmungsrechte nach
dem Betriebsverfassungsgesetz.

Aushang: Mitteilung an die Belegschaft

Als Alleingeschäftsführer und Inhaber der „Game & Fun GmbH" habe ich einige wichtige
Entscheidungen getroffen, die - soweit nichts anderes angegeben ist - mit Beginn des neuen
Kalenderjahres (KJ) am 2. Januar x1 in Kraft treten:

1. Im gesamten Betrieb gilt ein absolutes Rauch- und Alkoholverbot.
2. Die tägliche Arbeitszeit in den Monaten in denen die Sommerzeit gilt, wird von 7.00
   Uhr auf 6.30 Uhr vorverlegt. Die Mittagspause wird in dieser Zeit um eine
   Viertelstunde auf 60 Minuten verkürzt.
3. Die Zahlung der Entgelte erfolgt künftig in zwei Abschnitten - jeweils am 15. und am
   letzten Tag eines Monats.
4. Ab 1. September eines jeden Jahres tritt bis zum Jahresende eine allgemeine
   Urlaubssperre in Kraft, um die gesamte Belegschaft zur Vorbereitung des
   Weihnachtsgeschäftes verfügbar zu haben.
5. Die Öffnungszeiten der Kantine werden neu festgesetzt: Morgens: 8.30 - 9.00 Uhr;
   mittags: 11.30 - 12.00 Uhr; nachmittags: 15.30 - 16.00 Uhr.
6. Für Verbesserungsvorschläge, die von der Geschäftsleitung (GL) angenommen
   werden, erhalten Arbeitnehmer einheitlich 500,00 Euro.
7. Das Lagergebäude wird zu Beginn des neuen KJ durch einen Anbau um 400 qm
   erweitert.
8. Aus betrieblichen Gründen (Umsatzrückgang) wird bis zum Ende des nächsten KJ der
   Personalbestand um mind. 20 % verringert.
9. Die GL hat einen Personalfragebogen entwickelt, der von allen Arbeitnehmern bis
   Ende dieses Monats auszufüllen ist.
10. Die GL hat die bestehenden Richtlinien über die personelle Auswahl bei
    Einstellungen, Versetzungen, Umgruppierungen und Kündigungen neu festgelegt.
11. Mein Sohn Christian, der derzeit die Funktion des Betriebsleiters ausübt, wird mit
    Beginn des nächsten KJ die Nachfolge von Herrn Dr. Winter als technischer Direktor
    übernehmen.
12. Neu zu besetzende Arbeitsplätze werden künftig nur noch in einer lokalen
    Tageszeitung ausgeschrieben.
13. Aus Kostengründen wird die Produktion von Holzspielzeug im Laufe des nächsten KJ
    schrittweise ins Ausland verlagert.
14. Durch den Einsatz vollautomatischer Lackiermaschinen werden ab Januar des
    nächsten KJ 15 Arbeitnehmer der Lackiererei freigesetzt. Sie werden in andere
    Betriebsteile versetzt.
15. Die Produktion im Zweigwerk (26 Arbeitnehmer) wird bis zum Ende des
    nächsten KJ eingestellt.
16. Im Laufe der nächsten zwei Monate werden die bestehenden sechs Betriebsbüros in

der Verwaltungsabteilung zentralisiert.

17. Mit der Spielautomatenfabrik "Gustav Kunz GmbH" wurde ein Kooperationsvertrag abgeschlossen, der die Entwicklung eines neuartigen "Kinder-Kickboards" vorsieht. In diesem Zusammenhang wurde eine wechselseitige Kapitalbeteiligung von jeweils 20 % der Stammeinlagen vereinbart.

18. Die bisher durchgeführte 14tägige betriebsinterne Schulung der Auszubildenden durch Ausbilder und Abteilungsleiter wird künftig nur noch monatlich durchgeführt.

19. Im Rahmen der Gleitzeiteinführung im kommenden KJ werden entsprechende Zeiterfassungsgeräte an den Eingangsbereichen angebracht. Die Arbeitnehmer sind zu deren Nutzung verpflichtet.

Datum und Unterschrift Geschäftsführung

Lösungshinweise:
Bei diesem Sachverhalt sind durch die Vorgehensweise der Geschäftsführung grundsätzliche Beteiligungsrechte des Betriebsrates in Form von Mitbestimmungs- und Mitwirkungsrechten deutlich verletzt; der Betriebsrat hatte in diesem Fall keine Möglichkeit mit dem Arbeitgeber im Vorfeld über die getroffenen und geplanten Maßnahmen zu sprechen.
Der Betriebsrat muss eine solche Verletzung von Beteiligungsrechten nicht akzeptieren, da dieses Verhalten des Arbeitgebers einen groben Verstoß gegen das Gebot der gegenseitigen vertrauensvollen Zusammenarbeit darstellt. Der Betriebsrat hat nun die Möglichkeit vom Arbeitgeber unter Fristsetzung eine Rücknahme der Maßnahmen zu fordern oder ein Arbeitsgerichtsfahren nach § 23 III BetrVG i. V. m. § 2a I, 1 ArbGG einzuleiten.
Im Hinblick auf eine inhaltliche Stoffwiederholung werden im Folgenden die jeweiligen betriebsverfassungsrechtlichen Grundlagen der Mitbestimmungs- und Mitwirkungsrechte für die einzelnen Fälle lösungsorientiert dargestellt:

1. Situation: § 87 I, Zif. 1 BetrVG - Mitbestimmungsrecht. Rauchverbote betreffen individuell das Verhalten der einzelnen Arbeitnehmer und damit die kollektive betriebliche Ordnung (soziale Angelegenheit).
2. Situation: § 87 I, Zif. 2 BetrVG - Mitbestimmungsrecht. Arbeitszeitregelungen jeglicher Art betreffen kollektiv die betriebliche Ordnung (soziale Angelegenheit).
3. Situation: § 87 I, Zif. 4 BetrVG - Mitbestimmungsrecht. Die Modalitäten der Entgeltzahlung betreffen ebenfalls die kollektive betriebliche Ordnung (soziale Angelegenheit).
4. Situation: § 87 I, Zif. 5 BetrVG - Mitbestimmungsrecht. Es handelt sich um eine Festlegung der zeitlichen Lage des Urlaubs (komplette Urlaubssperre) und dies betrifft wiederum die kollektive betriebliche Ordnung (soziale Angelegenheit).
5. Situation: § 87 I, Zif. 8 BetrVG - Mitbestimmungsrecht. Bei Kantinen handelt es sich um sog. Sozialeinrichtungen; die Regelung der Öffnungszeiten einer Kantine stellt damit eine Form der Ausgestaltung bzw. der Nutzungsmöglichkeit für die einzelnen Arbeitnehmer dar (soziale Angelegenheit).
6. Situation: § 87 I, Zif. 12 BetrVG - Mitbestimmungsrecht. Die einheitliche Vergütung von Verbesserungsvorschlägen betrifft Grundsätze des betrieblichen Vorschlagswesens und stellt einen kollektiven Sachverhalt dar, der alle Arbeitnehmer betreffen kann (soziale Angelegenheit).
7. Situation: § 90 I, Zif. 1, II BetrVG - Informationsrecht in Form eines Unterrichtungs- und Beratungsrechtes. Hierbei muss der Arbeitgeber den Betriebsrat vor bestimmten Maßnahmen unterrichten und sich vor seiner abschließenden Entscheidung mit ihm beraten; er braucht jedoch die Meinungen bzw. Ansichten des Betriebsrates bei der endgültigen Entscheidung

nicht zu berücksichtigen. Bezüglich des Erweiterungsbaus sind dem Betriebsrat somit rechtzeitig, d. h. vor Beginn der Baumaßnahmen die erforderlichen Unterlagen als Information und Beratungsgrundlage vorzulegen. Hierbei handelt es sich gleichzeitig um die Gestaltung von Arbeitsplätzen nach arbeitswissenschaftlichen Erkenntnissen (soziale Angelegenheit).

8. Situation: § 92 I BetrVG - Informationsrecht in Form eines Unterrichtungs- und Beratungsrechtes (vgl. voranstehende Situation). Die Reduzierung des Personalbestandes stellt eine Maßnahme der Personalplanung dar und hat Auswirkungen auf die künftige Arbeitnehmerzahl (Größe der künftigen Belegschaft). Hierbei ist ggf. über die Vermeidung von individuellen Härten einzelner betriebsbedingt zu entlassenden Arbeitnehmer zu beraten; Hierbei hat ggf. nach § 1 III KSchG eine Sozialauswahl zu erfolgen (personelle Angelegenheit).

9. Situation: § 94 I BetrVG - Mitbestimmungsrecht in Form des Zustimmungsrechtes; d. h. fehlt die Zustimmung des Betriebsrates, so kann der Arbeitgeber die Maßnahme bis zur rechtlichen Klärung nicht realisieren. Bei Streitigkeiten über die Gestaltung der einheitlichen Personalfragebögen ist eine Entscheidung der Einigungsstelle (§ 76 BetrVG) erforderlich (personelle Angelegenheit).

10. Situation: § 95 I BetrVG - Mitbestimmung in Form des Zustimmungsrechtes; d. h. fehlt die Zustimmung des Betriebsrates, so kann der Arbeitgeber die Maßnahme bis zur rechtlichen Klärung nicht realisieren. Die Neuregelung personeller Auswahlrichtlinien ist abhängig von der Einigung mit dem Betriebsrat. Bei Streitigkeiten über die Gestaltung der Auswahlrichtlinien ist wiederum eine Entscheidung der Einigungsstelle (§ 76 BetrVG) erforderlich (personelle Angelegenheit).

11. Situation: § 99 I BetrVG - Mitbestimmung in Form des Zustimmungsrechtes; d. h. fehlt die Zustimmung des Betriebsrates, so kann der Arbeitgeber die Maßnahme bis zur rechtlichen Klärung nicht realisieren. Voraussetzung für dieses Zustimmungsrecht ist dabei Größe des Betriebes von mindestens 21 (> 20) wahlberechtigten Arbeitnehmern. Hierbei ist der Betriebsrat über geplante Versetzungen zu unterrichten; gleichfalls sind ihm erforderliche Unterlagen zur Beurteilung der Situation vorzulegen. Eine Verweigerung der Zustimmung ist jedoch nur in den in § 99 II, Zif. 1 - 6 BetrVG genannten Punkten möglich. Bezüglich der Zustimmungsverweigerung des Betriebsrates ist auf die Fristen des § 99 III BetrVG und die Möglichkeit der Einschaltung des zuständigen Arbeitsgerichtes nach § 99 IV BetrVG zu verweisen (personelle Angelegenheit).

Anmerkung: Sollte es sich bei der Funktion des technischen Direktors nach § 5 III BetrVG um einen Leitenden Angestellten des Betriebes handeln (hier nicht erkennbar), so ist der Betriebsrat nach § 105 BetrVG lediglich über die personelle Änderung rechtzeitig zu informieren. Eine Mitbestimmung in Form des Zustimmungsrechtes besteht dann nicht.

12. Situation: § 93 BetrVG i. V. m. § 99 II, Zif. 5 BetrVG - Mitbestimmung in Form des Zustimmungsrechtes; d. h. fehlt die Zustimmung des Betriebsrates, so kann der Arbeitgeber die Maßnahme bis zur rechtlichen Klärung nicht realisieren. Der Betriebsrat kann nach § 93 BetrVG verlangen, dass zu besetzende Stellen vor einer externen Besetzung zunächst intern ausgeschrieben werden. Kommt der Arbeitgeber diesem Verlangen nicht nach, so kann der Betriebsrat nach § 99 II, Zif. 5 BetrVG die Zustimmung zu einer externen Einstellung verweigern (personelle Angelegenheit).

Anmerkung zu Situationen 13 bis 17:
Beteiligungsrechte des Betriebsrates in wirtschaftlichen Angelegenheiten
Da durch das Betriebsverfassungsrecht die unternehmerische Entscheidungsfreiheit nicht eingeschränkt werden soll, findet eine Beteiligung des Betriebsrates nur im Rahmen von Informationsrechten in Form der Unterrichtung und Beratung statt. Hierbei sind drei verschiedene Regelungen zu unterscheiden:

a) § 106 BetrVG - Bildung eines Wirtschaftsausschusses
In Betrieben mit einer Größe von mehr als 100 (> 100) ständig beschäftigten Arbeitnehmern ist ein Wirtschaftsausschuss zu bilden; dieser hat dann die Aufgabe wirtschaftliche Angelegenheiten mit dem Arbeitgeber zu beraten und den Betriebsrat zu unterrichten. Die Bestellung und Zusammensetzung eines Wirtschaftsausschusses ist in § 107 BetrVG geregelt.

b) § 111 BetrVG - Betriebsänderungen
In Betrieben mit einer Größe von mindestens 21 (> 20) wahlberechtigten Arbeitnehmern hat der Betriebsrat ein Unterrichtungs- und Beratungsrecht, sofern durch die geplante Betriebsänderung wesentliche Nachteile für die Belegschaft oder für erhebliche Teile der Belegschaft zu erwarten sind.

c) § 110 BetrVG - Unterrichtung der Arbeitnehmer
In wirtschaftlichen Angelegenheiten besteht ein regelmäßiges Unterrichtungsrecht der Arbeitnehmer. Die Unterrichtung der Belegschaft erfolgt hierbei nach entsprechender Abstimmung des Arbeitgebers mit dem Wirtschaftsausschuss und dem Betriebsrat.

13. Situation: § 111 BetrVG - Informationsrecht des Betriebsrates in Form der Unterrichtung und Beratung, d. h. der Arbeitgeber muss den Betriebsrat über geplante Betriebsänderungen rechtzeitig unterrichten und sich vor seiner abschließenden Entscheidung mit ihm beraten; er braucht jedoch die Meinungen bzw. Ansichten des Betriebsrates bei der endgültigen Entscheidung nicht zu berücksichtigen.
Die Verlegung der Produktion von Holzspielzeug ins Ausland gilt nach § 111, Zif. 2 BetrVG als Betriebsänderung; die rechtzeitige und umfassende Unterrichtung des Betriebsrates stellt die Basis für eine Beratung dar.
Ist nach § 106 BetrVG ein Wirtschaftsausschuss zu bilden so steht diesem nach § 106 III, Zif. 7 BetrVG bei der Verlegung von Betriebsteilen (hier: Produktionsverlagerung ins Ausland) ebenfalls ein Unterrichtungs- und Beratungsrecht zu.

14. Situation: § 92 I BetrVG - Informationsrecht des Betriebsrates in Form der Unterrichtung und Beratung. Dies betrifft hier die Versetzung der in der Lackiererei freizusetzenden Arbeitnehmer (personelle Angelegenheit).
Besteht nach § 106 BetrVG ein Wirtschaftsausschuss so steht diesem nach § 106 III, Zif. 5 BetrVG im Hinblick auf die Einführung neuer Arbeitsmethoden (hier: Einsatz vollautomatischer Lackiermaschinen) ebenfalls ein Unterrichtungs- und Beratungsrecht in wirtschaftlichen Angelegenheiten zu.

15. Situation: § 111 Zif. 1 BetrVG - Informationsrecht des Betriebsrates in Form der Unterrichtung und Beratung bei Betriebsänderungen. Besteht nach § 106 BetrVG ein Wirtschaftsausschuss so hat dieser ebenfalls ein Unterrichtungs- und Beratungsrecht, da es sich nach § 106 III, Zif. 6 im Hinblick auf die Stillegung von Betriebsteilen (hier: Einstellung der Produktion im Zweigwerk) um eine wirtschaftliche Angelegenheit handelt.

16. Situation: § 111 Zif. 1 BetrVG - Informationsrecht in Form der Unterrichtung und Beratung bei Betriebsänderungen. Besteht nach § 106 BetrVG ein Wirtschaftsausschuss so hat dieser ebenfalls ein Unterrichts- und Beratungsrecht, da es sich nach § 106 III, Zif. 9 bei einer Änderung der Betriebsorganisation (hier: Zentralisierung der Betriebsbüros) um eine wirtschaftliche Angelegenheit handelt.

17. Situation: § 106 II, Zif. 1 BetrVG - Informationsrecht des Wirtschaftsausschusses in Form der Unterrichtung und Beratung im Hinblick auf die wirtschaftliche und finanzielle Lage des Unternehmens (hier: Kooperationsvertrag und Kapitalbeteiligung).

18. Situation: § 98 I BetrVG - Mitbestimmungsrecht, d. h. gleichberechtigte Mitentscheidung. Die betriebsinterne Schulung von Auszubildenden stellt eine Maßnahme der betrieblichen Berufsbildung dar. Weitergehend hat der Betriebsrat nach § 98 II BetrVG ein Widerspruchsrecht bei der Bestellung von Personen die mit der betrieblichen Berufsbildung

beauftragt sind; auch kann er unter bestimmten Voraussetzungen deren Abberufung verlangen (personelle Angelegenheiten).
19. Situation: § 87 I, Zif. 6 BetrVG - Mitbestimmungsrecht, d. h. gleichberechtigte Mitentscheidung. Bei der Einführung von Zeiterfassungsgeräten handelt es sich um technische Einrichtungen, die geeignet sind das Verhalten oder die Leistung von Arbeitnehmern zu überwachen (soziale Angelegenheiten).

20. Situationsbeschreibung: „Arbeit und Freizeit"

Arbeitnehmer K arbeitet als Kreditsachbearbeiter in der 'Merkur Bank AG'. Da K sein festes Einkommen aus seiner Banktätigkeit nicht aufgeben möchte, entschließt er sich in seiner Freizeit die Minigolfanlage 'Einloch-Center e. K.' "nebenbei", d. h. nach Feierabend (von 17.00 bis 23.00 Uhr) und am Wochenende zu betreiben. Beurteilen Sie die entstandene Rechtslage.

Lösungshinweise:
Da der Arbeitnehmer K während des Arbeitsverhältnisses durch den Eintrag in das Handelsregister (e. K. = eingetragener Kaufmann) ein Handelsgewerbe betreibt liegt ein Verstoß gegen das gesetzliche Wettbewerbsverbot vor (§ 60 I HGB).
Aufgrund dieser Pflichtverletzung ist der Arbeitgeber berechtigt eine außerordentliche Kündigung auszusprechen; auch eine Abmahnung oder ordentliche Kündigung als „milderes" Sanktionsmittel ist denkbar. Aus wirtschaftlichen Erwägungen kommt das Selbsteintrittsrecht des Arbeitgebers (§ 61 I, Alt. 2 HGB) in Frage; d. h. die aufgrund des Geschäftsbetriebes erwirtschafteten Einnahmen stehen dem Arbeitgeber zu.

21. Situationsbeschreibung: „Arbeitnehmer als Konkurrent"

Arbeitnehmerin V ist als Einkaufssachbearbeiterin der Großhandlung 'Bike-Future GmbH' beschäftigt. Durch ihre Einkaufstätigkeit lernt sie mehrere Außendienstmitarbeiter von namhaften Bike-Herstellern persönlich kennen. Einer dieser Vertreter überredet sie dazu, ihr auf eigene Rechnung Bikes zu Großhandelspreisen an ihre Privatadresse zu liefern. Diese Bikes verkauft V nun nach Feierabend in ihrem Bekannten- und Freundeskreis. Da V ihren "Kunden" auf alle Produkte 25 % Preisnachlass gewährt, steigen ihre Einnahmen von Monat zu Monat. Eines Tages erhält der Geschäftsführer der 'Bike-Future GmbH' von der intensiven Verkaufstätigkeit seiner Arbeitnehmerin Kenntnis und will dies unterbinden. Beurteilen Sie die entstandene Rechtslage.

Lösungshinweise:
Da die Arbeitnehmerin V während des Arbeitsverhältnisses gleichzeitig selbständig tätig ist und dabei Geschäfte auf eigene Rechnung in der Branche des Arbeitgebers durchführt, liegt ein Verstoß gegen das gesetzliche Wettbewerbsverbot vor (§ 60 I HGB).
Aufgrund dieser Pflichtverletzung ist der Arbeitgeber berechtigt eine außerordentliche Kündigung auszusprechen; auch eine Abmahnung oder ordentliche Kündigung als „milderes" Sanktionsmittel ist denkbar. Aus wirtschaftlichen Erwägungen stehen hierbei zwei Regress-Alternativen zur Auswahl:
- *Geltendmachung von Schadensersatz in Höhe der Differenz seines eigenen höheren Verkaufspreises zu dem günstigeren Preis des Arbeitnehmers (§ 61 I, Alt. 1 HGB), oder*
- *Herausgabe der erhaltenen Vergütung (Verkaufspreis) bzw. Abtretung der entsprechenden Forderungen aus dem Verkauf im Rahmen des Selbsteintrittsrechtes des Arbeitgebers (§ 61 I, Alt. 2 HGB).*

Der Arbeitgeber wird hierbei die Alternative wählen, die für ihn materiell am interessantesten ist.

22. Situationsbeschreibung: *„Arbeitnehmer und Schwangerschaft"*

Die Arbeitnehmerin S, 28 Jahre alt, ist seit dem 01.01.x1 als „Event-Managerin" bei einer Messeagentur beschäftigt. Am 04.01.x4 legt sie der Geschäftsführung eine ärztliche Bescheinigung über Schwangerschaft gemäß § 5 MuSchG vor. Der voraussichtliche Entbindungstermin wird auf dieser Bescheinigung mit dem 18.07.x4 datiert.

22.1   Mit welchem Datum beginnt die Schutzfrist nach MuSchG?

22.2   Angenommen die Niederkunft ist bereits vorzeitig am 11.07.x4. Wann endet die Schutzfrist nach der Geburt?

22.3   Die Geschäftsführung beabsichtigt für die Dauer der Schutzfrist nach MuSchG die Zahl der Urlaubstage zu kürzen. Berechnen Sie den Urlaubsanspruch von Arbeitnehmerin S im Kalenderjahr x4.

Lösungshinweise:

22.1

Die Schutzfristen für Schwangere vor und nach der Entbindung sind in § 3 MuSchG geregelt. Hiernach besteht ein grundsätzliches Beschäftigungsverbot in den letzten sechs Wochen (42 Kalendertage) vor der Entbindung (§ 3 I MuSchG). Der Termin für die Niederkunft ist datiert auf den 18.07.x4. Der letzte Arbeitstag vor Beginn der Schutzfrist ist der 05.06.x4; die 6-wöchige Schutzfrist beginnt somit am 06.06.x4.

Anmerkung: Bei der Berechnung der Schutzfristen vor und nach der Entbindung wird der Tag der Entbindung mitgerechnet.

22.2

Nach der Entbindung besteht nach § 3 II MuSchG ebenfalls ein Beschäftigungsverbot. Die Dauer beträgt acht Wochen (56 Kalendertage) nach der Entbindung. Bei Früh- / Mehrlings-geburten gilt eine Frist nach der Entbindung von 12 Wochen.

Nach § 3 II, 2 MuSchG verlängert sich diese Frist zusätzlich um den Zeitraum, der in der Sechs-Wochen-Frist vor der Entbindung, nicht in Anspruch genommen wurde.

Die tatsächliche Entbindung fand am 11.07.x4 statt; die voraussichtliche Entbindung war datiert auf den 18.07.x4, d. h. der Verlängerungszeitraum berechnet sich vom 11.07.x4 bis zum 17.07.x4 und beträgt damit 7 Kalendertage. Das reguläre Ende der Schutzfrist nach der Entbindung wäre der 05.09.x4. Aufgrund der Verlängerung um 7 Kalendertage endet die Schutzfrist damit am 12.09.x4.

22.3

Nach § 24 MuSchG gelten die Ausfallzeiten der Beschäftigungsverbote als Beschäftigungs-zeiten obwohl keine Arbeitsleistung erbracht wurde. Diese Zeiten dürfen jedoch nicht auf den Urlaub angerechnet werden. Hat eine Frau ihren Urlaub vor Beginn eines Beschäftigungs-verbotes nicht oder nicht vollständig erhalten, kann sie nach dem Ende des Beschäftigungsverbots den verbliebenen Resturlaub im laufenden oder im nächsten Urlaubsjahr in Anspruch nehmen.

Somit ergibt sich folgender Urlaubsanspruch für das Jahr x4: Der Jahresanspruch beträgt 24 Werktage (§ 3 BUrlG), was bei einer 5-Tage-Woche 20 Arbeitstagen entspricht. Der Arbeitnehmer arbeitet hier in Vollzeit. Nehmen wir an, dass der Urlaub für das Vorjahr x3 genommen wurde. Da das Beschäftigungsverhältnis für das gesamte Jahr x4 besteht (kein Teilurlaubsanspruch) entsteht auch ein Urlaubsanspruch von 20 Arbeitstagen.

23. Situationsbeschreibung: „*Teilzeit und Urlaub*"

Arbeitnehmerin B ist seit dem 01.03.x2 als Teilzeitkraft mit drei Tagen pro Woche (im Betrieb gilt die Fünf-Tage-Woche) mit täglich vier Stunden beschäftigt. Ab 15.05.x4 nimmt sie ihre Elternzeit in Anspruch. Berechnen Sie den Urlaubsanspruch von Arbeitnehmerin B im Kalenderjahr x4.

Lösungshinweise:
Als teilzeitbeschäftigt gelten Arbeitnehmer, deren regelmäßige Wochenarbeitszeit kürzer ist als die eines vergleichbaren vollzeitbeschäftigten Arbeitnehmers (§ 2 I TzBfG). Da in unserem Falle die Arbeitnehmerin an drei Tagen in der Woche mit jeweils vier Stunden beschäftigt ist, handelt es sich um eine Teilzeittätigkeit. Sie nimmt ab dem 15.05.x4 ihre Elternzeit in Anspruch. Der Arbeitgeber kann somit den Erholungsurlaub, der den Beschäftigten im Urlaubsjahr zusteht für jeden vollen Kalendermonat der Elternzeit um ein Zwölftel kürzen (§ 17 I, 1 BEEG). Somit berechnet sich der Urlaubsanspruch für das laufende Jahr x4 wie folgt: Der Jahresanspruch beträgt 24 Werktage (§ 3 BUrlG), was bei einer 5-Tage-Woche 20 Arbeitstagen p. a. entspricht. Aufgrund der 3-Tage-Woche ergibt sich ein anteiliger Teilzeit-Urlaubsanspruch p. a. von 12 Arbeitstagen (3 x 20 / 5). Da die Elternzeit am 15.05.x4 beginnt muss der Arbeitgeber die Beschäftigungsmonate vom 01.06.x4 bis zum 31.12.x4 nicht berücksichtigen, d. h. er kann den Teilzeit-Jahresurlaubsanspruch um sieben Monate kürzen. Der anteilige Teilzeitanspruch für das Jahr x4 (Zeitraum 01.01.x4 bis 31.05.x4) beträgt somit für fünf Beschäftigungsmonate noch fünf Arbeitstage (5 x 12 / 12).

24. Situationsbeschreibung: „*Der unruhige Arbeitnehmer*" -

Arbeitnehmer M, 40 Jahre alt, ist Angestellter in einem Steuerbüro. Am 20.11. d. J. wird ihm vom Inhaber des Steuerbüros ein Kündigungsschreiben zum 31.12. d. J. übergeben. Als Begründung führt der Inhaber an, dass Herr M als einziger Mann zu viel Unruhe unter die sechs weiblichen Mitarbeiterinnen bringe.
Für M kommt diese Kündigung sehr überraschend, da er schon seit fünf Jahren mit den im Steuerbüro beschäftigten Kolleginnen ohne Probleme zusammenarbeitet. Als er sich diesbezüglich vertraulich an die amtierende Betriebsrätin (eine der sechs Kolleginnen) wendet, ist diese sehr überrascht. Sie äußert, dass sie keine Kenntnis von dieser Kündigung habe und er sich zunächst keine Sorgen machen sollte. Beurteilen Sie die entstandene rechtliche Situation.

Lösungshinweise:
Punkt 1 - Willenserklärung, Zugang und Form:
Hierbei handelt es sich um eine Beendigungskündigung in Form einer ordentlichen bzw. fristgerechten Kündigung. Bei einer Kündigung handelt es sich um eine einseitige und empfangsbedürftige Willenserklärung. Das heißt sie muss dem Arbeitnehmer zugehen. Ein wirksamer Zugang liegt dann vor (§ 130 BGB), wenn die Willenserklärung in den sog. „Machtbereich" (z. B. Briefkasten) des Empfängers gelangt. Der Arbeitnehmer muss somit die Möglichkeit haben - unter normalen Umständen (vgl. § 242 BGB) - von einer Kündigung Kenntnis zu nehmen. So würde z. B. der Einwurf eines Kündigungsschreibens in den Briefkasten durch einen Boten des Arbeitgebers um 23.00 Uhr erst am nächsten Tage als zugegangen gelten.
Zu ihrer Wirksamkeit bedarf eine Kündigung immer der Schriftform (§ 623 BGB i. V. m. § 126 BGB). Bei Nichtbeachtung der Schriftform ist die Kündigung aus Formmangel unwirksam (§ 125 BGB).
Hier: Am 20.11. d. J. wird dem Arbeitnehmer ein Kündigungsschreiben zum 31.12. d. J. übergeben. Damit gilt die Kündigung als zugegangen. Aus Beweisgründen kann es

angebracht sein die persönliche Aushändigung unter Zeugen durchzuführen oder sich den Empfang des Kündigungsschreibens vom Arbeitnehmer bestätigen zu lassen. Eine solche Kenntnisnahme stellt kein Einverständnis des Arbeitnehmers dar.

Punkt 2 - Kündigungsfrist:
Die gesetzlichen Kündigungsfristen sind im § 622 BGB geregelt. Nach § 622 II, Zif. 2 BGB gilt für den Arbeitgeber bei einer Betriebszugehörigkeit des Arbeitnehmers von fünf Jahren eine Frist von zwei Monaten zum Ende eines Kalendermonats.
Fristberechnung:

20.11. d. J.:	*Kündigungszugang beim Arbeitnehmer.*
21.11. d. J.:	*Fristbeginn nach § 187 I BGB; der Tag des Ereignisses (Zugang) zählt nicht zur Berechnung der Zwei-Monatsfrist.*
31.01. Folgejahr:	*Kündigung zum 31.12. d. J. ist damit unwirksam; als Fristende gilt somit „automatisch" die gesetzlich korrekte Frist (§ 188 I BGB).*

Punkt 3 - Kündigungsgrund und Kündigungsschutzgesetz (KSchG):
Das KSchG nennt im § 1 II, 1 personen-, verhaltens- und betriebsbedingte Kündigungsgründe. Gilt das KSchG so sind ausschließlich diese Gründe zulässig (sozial gerechtfertigt).
Zur Anwendung des KSchG sind zwei Voraussetzungen erforderlich:
    a. persönlicher Geltungsbereich - Betriebszugehörigkeit des Arbeitnehmers,
    b. sachlicher Geltungsbereich - Betriebsgröße und Datum des Einstellungstermins eines Arbeitnehmers.
Annahme:
zu a.: Nach § 1 I KSchG ist eine Betriebzugehörigkeit von mehr als sechs Monaten (> 6) des betroffenen Arbeitnehmers erforderlich. Nehmen wir dies als erfüllt an.
Zu b.: Die Betriebsgröße umfasst sieben Arbeitnehmer und der Eintrittstermin liegt nach dem 31.12.2003. Nach § 23 I, 3 KSchG ist eine Betriebsgröße mit mehr als zehn (> 10) Arbeitnehmern erforderlich. Somit findet das KSchG für den Betrieb keine Anwendung.

Fazit: Der persönliche Geltungsbereich ist zwar erfüllt aber der sachliche Geltungsbereich fehlt (Punkte a. und b. sind additiv). Somit finden die Vorschriften des ersten Abschnittes des KSchG keine Anwendung (§ 23 I, 2, 3 KSchG); lediglich die §§ 4 - 7 und der § 13 I, 1, 2 des KSchG würden Anwendung finden (kommt in dieser Betrachtung nicht zum Tragen).
Fazit: Eine soziale Rechtfertigung in Form der o. g. Kündigungsgründe muss für den Arbeitgeber nicht vorliegen, d. h. die Kündigungsgründe müssen nicht ausschließlich personen-, verhaltens- oder betriebsbedingt sein.

Punkt 4 - Abmahnung:
Hier ist davon auszugehen, dass der Arbeitgeber die verursachte „Unruhe" einem nicht näher bezeichneten Verhalten des Arbeitnehmers zuordnet. Nach gängiger Rechtsprechung muss jedoch einer verhaltensbedingten ordentlichen Kündigung immer eine korrekte Abmahnung vorausgehen. Dies ist in unserem Sachverhalt nicht erkennbar. Damit wäre die Kündigung vor Gericht i. d. R. nicht wirksam.

Punkt 5 - Beteiligung des Betriebsrates (BetrVG):
Eine ohne Anhörung des BR erfolgte Kündigung ist unwirksam (§ 102 I BetrVG). Da nach Fallsituation der Betriebsrat keine Kenntnis von der beabsichtigten Kündigung hatte ist die Kündigung bereits aus diesem Grunde unwirksam.

Völlig unabhängig von der Anhörung des Betriebsrates nach dem BetrVG, kann der Arbeitnehmer nach § 3 KSchG binnen einer Woche nach Zugang der Kündigung Einspruch beim Betriebsrat einlegen wenn er die Kündigung als sozial ungerechtfertigt erachtet. In berechtigten Fällen hat dann der Betriebsrat zu versuchen eine Verständigung mit dem Arbeitgeber herbeizuführen. Die Stellungnahme des Betriebsrates ist auf Verlangen sowohl dem Arbeitnehmer als auch dem Arbeitgeber schriftlich mitzuteilen. Weitere Folgen hat dieser Einspruch nicht.

Punkt 6 - Klagemöglichkeit des Arbeitnehmers:
Ist der Arbeitnehmer länger als sechs Monate (> 6) im Betrieb so hat er grundsätzlich nach § 4 KSchG die Möglichkeit mittels Kündigungsschutzklage (sog. Feststellungsklage) gerichtlich gegen den Arbeitgeber vorzugehen. Dazu muss eine Frist von 21 Kalendertagen (drei Wochen) eingehalten werden. Für die Anwendung des § 4 KSchG reicht alleine die Voraussetzung einer Betriebszugehörigkeit von mehr als sechs Monaten aus (persönlicher Geltungsbereich). Ist dies erfüllt kann ein Arbeitnehmer ohne Rücksicht auf die Betriebsgröße immer den Klageweg nach § 4 KSchG beschreiten.
Fristberechnung:

20.11. d. J.:	*Kündigungszugang beim Arbeitnehmer.*
21.11. d. J.:	*Fristbeginn nach § 187 I BGB; der Tag des Ereignisses (Klagezugang) zählt nicht zur Berechnung der Drei-Wochen-Frist.*
11.12. d. J.:	*Klage muss mit Ablauf des 11.12. d. J. beim zuständigen Arbeitsgericht eingehen (§ 188 I BGB).*

Sollte es sich beim letzten Tag der Frist nach § 193 BGB um einen Sonntag, Feiertag oder Samstag handeln, gilt der nächste Werktag als Fristende.
Gewinnt der Arbeitnehmer das Verfahren (was hier anzunehmen ist), so kann sowohl der Arbeitnehmer als auch der Arbeitgeber einen Antrag auf Unzumutbarkeit der weiteren Zusammenarbeit stellen (§ 9 I KSchG), was zu einer Abfindungszahlung des Arbeitgebers führt (§ 10 KSchG).
Versäumt der Arbeitnehmer die o. g. Drei-Wochen-Frist des § 4 KSchG so gilt die Kündigung nach § 7 KSchG als von Anfang an als wirksam.

25. Situationsbeschreibung: „Der trinkende Arbeitnehmer"

Arbeitnehmer S ist schon mehrfach angetrunken an seinem Arbeitsplatz angetroffen worden. Auch ist öfters schon beobachtet worden, wie er während der Arbeitszeit alkoholische Getränke zu sich genommen hat, obwohl dies im Rahmen einer Betriebsvereinbarung (§ 17 der Betriebsordnung) untersagt ist. S erhält daraufhin am 05.06. d. J. von der Personalabteilung folgende Abmahnung persönlich ausgehändigt (Auszug):
".........................Ihr Verhalten im Betrieb hat in den vergangenen Monaten häufig zu Beanstandungen Anlass gegeben. Insbesondere haben Sie mehrfach gegen § 17 der Betriebsordnung verstoßen. Im Wiederholungsfalle werden wir Ihnen fristlos kündigen. Tragen Sie dafür Sorge, dass in Zukunft das o. g. Fehlverhalten unterbleibt.
........................."
Als S zwei Wochen später erneut in stark alkoholisiertem Zustand am Arbeitsplatz erscheint, lässt ihn sein Vorgesetzter durch einen Kollegen nach Hause fahren. Tags darauf erhält er per Einschreiben folgendes Kündigungsschreiben (Auszug):
".......................Hiermit kündigen wir das mit Ihnen bestehende Arbeitsverhältnis aufgrund der Ihnen bekannten Vorkommnisse fristlos. Wir bitten Sie, Ihre Personalunterlagen in unserer Personalabteilung abzuholen. In Übereinstimmung mit § 102 I BetrVG ist bei dieser Kündigung der Betriebsrat gehört worden. Auch weisen wir in diesem Zusammenhang auf unsere Abmahnung vom 05.06. d. J. hin. Sollte diese außerordentliche Kündigung vom

Arbeitsgericht als nicht begründet angesehen werden, dann erklären wir hiermit ausdrücklich, dass sie in diesem Falle als ordentliche Kündigung für den nächst möglichen Termin gedacht ist. ....".

Beurteilen Sie die entstandene rechtliche Situation.

Lösungshinweise:

Punkt 1 - Willenserklärung, Zugang und Form:

Hierbei handelt es sich um eine Beendigungskündigung in Form einer außerordentlichen bzw. fristlosen Kündigung. Bei einer Kündigung handelt es sich um eine einseitige und empfangsbedürftige Willenserklärung. Zu ihrer Wirksamkeit bedarf eine Kündigung immer der Schriftform (§ 623 BGB i. V. m. § 126 BGB). Bei Nichtbeachtung der Schriftform ist die Kündigung aus Formmangel unwirksam (§ 125 BGB).

Hier: Am 20.06. d. J. erhält der Arbeitnehmer per Einschreiben das Kündigungsschreiben. Damit gilt die Kündigung als zugegangen.

Zusammengefasste Datenlage:
- *05.06. d. J. - Arbeitnehmer S erhält eine Abmahnung.*
- *19.06. d. J. - zwei Wochen später erscheint S erneut in alkoholisiertem Zustand.*
- *20.06. d. J. - S erhält per Einschreiben das Kündigungsschreiben.*

Punkt 2 - Ausschlussfrist:

Eine Kündigungsfrist gibt es bei einer a. o. K. nicht zu beachten. Nach § 622 II BGB (Dienstvertrag) besteht jedoch eine Ausschlussfrist von 14 Kalendertagen innerhalb derer eine a. o. K. ausgesprochen werden muss. Diese Frist beginnt nun bei einem Arbeitsvertrag (§ 611a BGB) nach § 187 I BGB einen Tag nachdem der Arbeitgeber von dem Kündigungsvorfall Kenntnis erlangt hat.

Fristberechnung:

19.06. d. J.:   *zur a. o. K. berechtigender Vorfall (alkoholisierter Zustand).*

20.06. d. J.:   *Fristbeginn nach § 187 I BGB; der Tag des Ereignisses (Vorfall) zählt nicht zur Berechnung der Zwei-Wochenfrist.*

21.06. d. J.:   *a. o. K. geht dem Arbeitnehmer zu.*

Die Ausschlussfrist von 14 Tagen ist somit vom Arbeitgeber eingehalten und hätte erst mit Ablauf des 03.07. d. J. geendet.

Punkt 3 - Kündigungsgrund und Kündigungsschutzgesetz (KSchG):

Nach § 626 I BGB ist eine a. o. K. immer dann als letztes Mittel (ultima ratio) möglich, wenn wichtige Gründe im Verhalten des Arbeitnehmers (oder auch Arbeitgebers) vorliegen, welche das Arbeitsverhältnis zwischen Arbeitgeber und Arbeitnehmer soweit zerrütten, dass eine weitere Fortsetzung des Arbeitsverhältnisses nicht mehr zumutbar ist.

Hier: In der Betriebsordnung (wurde im Rahmen einer Betriebsvereinbarung nach § 77 III BetrVG vereinbart), welche auch Bestandteil des Arbeitsvertrages ist, wird der Genuss von alkoholischen Getränken während der Arbeitszeit rechtmäßig untersagt. Durch ein solches Verbot sollen Gefährdungen von Betriebsmitteln und Personen verhindert werden. Dagegen verstößt der Arbeitnehmer wiederholt und verletzt somit wichtige arbeitsvertragliche Pflichten. Dieses Verhalten kann bereits einen wichtigen Grund für eine a. o. K. darstellen.

Bzgl. der Wirksamkeit des KSchG wird auf die bereits erfolgten Ausführungen zur ordentlichen Kündigung (vgl. Situationsbeschreibung 24) verwiesen.

Hier: Nach § 13 KSchG sind auf eine a. o. K. nur der § 4, 1 KSchG und die §§ 5 bis 7 KSchG sowie ggf. die §§ 10 bis 12 KSchG anwendbar. Für die Anwendung dieser Vorschriften reicht allein die Voraussetzung einer Betriebszugehörigkeit von mehr als sechs Monaten aus (persönlicher Geltungsbereich). Ist dies erfüllt kann ein Arbeitnehmer ohne Rücksicht auf die Betriebsgröße immer den Klageweg nach § 4 KSchG beschreiten.

Punkt 4 - Abmahnung:
Die erfolgte Abmahnung ist bzgl. des Grundes rechtmäßig. Allerdings könnte zumindest die sog. Dokumentationsfunktion verletzt sein. Die Aussage „mehrfach" ist zu ungenau. Damit würde diese Abmahnung einer gerichtlichen Prüfung nicht standhalten. Allerdings könnte aufgrund der deutlichen Störung im betrieblichen Bereich, durch einen schweren Verstoß gegen die Betriebsordnung, die Erteilung einer Abmahnung ohnehin nicht erforderlich sein.

Punkt 5 - Beteiligung des Betriebsrates (BetrVG):
Laut Sachverhalt ist die rechtzeitige Anhörung des BR gegeben (§ 102 I BetrVG).

Punkt 6 - Klagemöglichkeit des Arbeitnehmers:
Angenommen S ist bereits länger als sechs Jahre im Betrieb so hat er grundsätzlich nach § 4 KSchG die Möglichkeit mittels Kündigungsschutzklage (sog. Feststellungsklage) gerichtlich gegen den Arbeitgeber vorzugehen.
Fristberechnung:

21.06. d. J.:	*Kündigungszugang beim Arbeitnehmer.*
22.06. d. J.:	*Fristbeginn nach § 187 I BGB; der Tag des Ereignisses (Kündigungszugang) zählt nicht zur Berechnung der Drei-Wochen-Frist.*
12.07. d. J.:	*Klage muss mit Ablauf des 12.07. d. J. beim zuständigen Arbeitsgericht eingehen (§ 188 I BGB).*

Sollte es sich beim letzten Tag der Frist nach § 193 BGB um einen Sonntag, Feiertag oder Samstag handeln, gilt der nächste Werktag als Fristende.

Ob eine Klage vor dem Hintergrund der genannten Erörtungen Erfolg haben wird lässt sich vorab nicht abschließend beantworten.

Abschnitt II: Fallsituationen mit personalwirtschaftlichen Inhalten

Stoffgebiete:
- Personalplanung
- Personalbeschaffung
- Personalauswahl
- Personalführung

1. Situationsbeschreibung: „*Instrumente ohne Musik*"

Im Rahmen Ihrer Tätigkeit im Human Resource Bereich beauftragt Sie die Geschäftsleitung zu prüfen, inwieweit folgende personalwirtschaftlichen Instrumente im Rahmen der quartalsweise anstehenden Personalplanung eingesetzt werden können.

1.1 Erklären und erläutern Sie den Inhalt und Aufbau dieser Instrumente:

1.1.1 Mitarbeiter-Portfolio-Analyse.

1.1.2 Anforderungsprofil.

1.1.3 Job Description (Stellenbeschreibung).

1.2 Welche Vorteile können aus personalwirtschaftlicher Sicht beim Einsatz von Stellenbeschreibungen angeführt werden. Beschreiben Sie diese.

Lösungshinweise:

1.1.1

Der Einsatz einer Mitarbeiter-Portfolio-Analyse dient schwerpunktmäßig als Instrument zur Ermittlung des qualitativen Personalbedarfs und zur Steuerung der Personalentwicklung. Betrachtet werden dabei zwei Fähigkeiten (skills) von Arbeitnehmern:

a. Entwicklungspotential (hoch / niedrig).

b. Zielerreichungsbeitrag (hoch / niedrig)

Daraus werden vier Grundtypen von Mitarbeitern abgeleitet:

- Führungsnachwuchs / „stars" (a. hoch / b. niedrig).

- Spitzenkräfte / „high-potentials" (a. hoch / b. hoch).

- Problemmitarbeiter / „poor-dogs" (a. niedrig / b. niedrig).

- Leistungsträger / „work-horses" (a. niedrig / b. hoch).

Folgende Skizze verdeutlicht diesen Zusammenhang:

Entwicklungspotenzial		
hoch	*Führungskräfte-nachwuchs („stars")*	*Spitzenkräfte („high-potentials")*
niedrig	*Problemmitarbeiter („poor-dogs")*	*Leistungsträger („work-horses")*
	niedrig	*hoch*

Zielerreichungsbeitrag

Ziel dieser Analyse ist es, Arbeitnehmer im Hinblick auf ihre strategische Bedeutung für das Unternehmen zu beurteilen. Die Portfolio-Betrachtung läßt einerseits die Visualisierung der gegenwärtigen personellen Situation im Hinblick auf Potenzial und Zielerreichung (Leistung) zu und gibt weitergehend die Möglichkeit evtl. Ungleichgewichte im qualitativen Personalbestand rechtzeitig zu erkennen. Auf das Problem der Entstehung von Beurteilungsfehlern bei der Kategorisierung ist deutlich hinzuweisen.

1.1.2

Die Erstellung von Anforderungsprofilen dient schwerpunktmäßig als Instrument zur Planung des qualitativen Personalbedarfs und des Personaleinsatzes. Des Weiteren kann im Rahmen des Personalrecruitings ein Profilvergleich zwischen den Anforderungsmerkmalen einer bestimmten Stelle und den Fähigkeiten von Bewerbern durchgeführt werden. Ein Anforderungsprofil besteht aus folgenden Bestandteilen:

- *Anforderungsmerkmale einer bestimmten Stelle (z. B. Kommunikationsfähigkeit, englische Sprachkenntnisse).*
- *Ausprägungsgrad der Merkmale (d. h. welche Anforderungen sind für eine bestimmte Stelle besonders wichtig und welche haben eine geringere Bedeutung).*
- *Anforderungsprofilkurve (graphische Darstellung der Stellenmerkmale um einen Profilvergleich mit den Fähigkeitsmerkmalen einer Person durchzuführen).*

Für Anforderungsprofile wählt man in der Regel eine tabellarische Darstellung in der einzelne fachliche und persönliche Anforderungen (Kompetenzen) einer bestimmten Stelle bzw. eines bestimmten Arbeitsplatzes beschrieben werden, die für einen Stelleninhaber (z. B. Personalreferent) erforderlich sind um die dort anfallenden Arbeitsaufgaben zu bewältigen. D. h. das Anforderungsprofil ist somit personenbezogen, also auf die Person, die die Stelle besetzen soll, gerichtet.

Beispielhafter Aufbau eines Anforderungsprofils:

Anforderungsprofil: „Berufs-/Tätigkeitsbezeichnung"				
	Ausprägungsgrad (Wichtigkeit)			
	niedrig			hoch
	1	2	3	4
Anforderungsmerkmale (Profilmerkmale):				
1. analytische Kompetenz			x	
2. Kreativität				x
3. Lernbereitschaft		x		
4. Sorgfalt	x			
5. usw.			x	

1.1.3

Die Erstellung von Stellenbeschreibungen dient schwerpunktmäßig als Instrument der qualitativen Personalplanung und bildet des Weiteren die Basis für Personalbeurteilungen und die Entgeltgestaltung. Im Gegensatz zu Anforderungsprofilen (personenbezogen) sind Stellenbeschreibungen (Tätigkeits-/Arbeitsplatzbeschreibung) objektbezogen, also auf die Stelle an sich gerichtet. Stellenbeschreibungen können z. B. als Grundlage für die Erstellung von Anforderungsprofilen verwendet werden. Kerninhalt sind alle Aufgaben, die der Stelleninhaber erfüllen soll. Dazu gehören die regelmäßigen durchzuführenden Tätigkeiten als auch bei Bedarf (z. B. Projekte, Gremien) anfallenden Arbeitsaufgaben. Mit der Erstellung von Stellenbeschreibungen wird auch die Unternehmensstruktur im Detail transparent.
Der Aufbau kann schwerpunktmäßig in folgende Bereiche eingeteilt werden:
- *Stellenbezeichnung: z. B. Personalreferent.*
- *Instanzenbild: z. B. Über- / Unterstellung, Stellvertretung, Zusammenarbeit mit anderen Stellen (extern / intern), besondere Vollmachten.*
- *Aufgabenbild: z. B. Stellenziel, wesentliche Fachaufgaben.*
- *Leistungsbild: z. B. erforderliche Ausbildung, spezielle Kenntnisse, Berufserfahrung, Verhaltensanforderungen (social-skills), Leistungsstandards (z. B. Zuverlässigkeit, Vertrauenswürdigkeit).*

1.2
Aus personalwirtschaftlicher Sicht können schwerpunktmäßig folgende Vorteile angeführt werden (Beispiele):
- *Aufgabengebiete können klar abgegrenzt werden.*
- *Basis für Personalbeurteilung, Entgeltfindung sowie für Personalplanung und – beschaffung.*
- *Gute Voraussetzung für die Einarbeitung von neuen Arbeitnehmern.*
- *Rasche Erkennbarkeit von Kompetenzüber- bzw. –unterschreitungen.*
- *Eine direkte Kontrolle von Arbeitsleistungen durch den Vorgesetzten als auch eine Selbstkontrolle des Arbeitnehmers wird erleichtert.*

2. Situationsbeschreibung: *„Die Analyse des Lebens"*
Im Rahmen eines Personalauswahlprozesses spielt die Analyse von Bewerbungsunterlagen eine zentrale Rolle. Hierbei erfährt die Betrachtung des jeweiligen Lebenslaufes (Curriculum Vitae) eines Bewerbers eine zentrale Bedeutung. Zur Auswertung des Lebenslaufes werden vier verschiedene Arten von inhaltlichen Analysen eingesetzt. Beschreiben Sie diese Analysearten anhand ihres jeweiligen Betrachtungsinhaltes.

Lösungshinweise:
Die Inhaltsanalyse eines Lebenslaufs umfasst folgende Punkte:
a. *Zeitfolgeanalyse*
    Inhaltliche Betrachtung: Dauer einzelner Arbeitsverhältnisse sowie zeitlich bedeutende Lücken die geklärt werden müssen.
    Mehrfache Arbeitsplatzwechsel z. B. während der Probezeit oder sehr kurze Beschäftigungsverhältnisse können eher als negative Sachverhalte angeführt werden. Weitergehend haben zeitlich kurze Beschäftigungen zu Beginn einer beruflichen Entwicklung eine andere Bedeutung als in späteren Berufsjahren. Auch gibt es Branchen in denen häufige Arbeitsplatzwechsel durchaus üblich sind (z. B. Gastronomie, Baubranche). Einzelne zeitliche Lücken können auch im Rahmen eines Vorstellungsgespräches geklärt werden und sind nicht grundsätzlich negativ zu bewerten.
    Beispiele:
    - Untersuchung auf zeitliche Lücken,
    - häufige Arbeitsplatzwechsel,
    - kurze Verweildauer.

b. *Positionsanalyse*
    Inhaltliche Betrachtung: Welche Verantwortung hatte der / die Bewerber/in in einzelnen Stellen inne. Berufs- und Positionswechsel werden durchaus häufiger, z. B. aufgrund zunehmender befristeter Arbeitsverhältnisse oder konjunktureller Schwankungen; evtl. deuten diese Wechsel auch auf Eigenschaften wie unterschiedliche Interessen und / oder Flexibilität hin.
    Beispiele:
    - Qualifikationsbezug bei Stellenwechsel,
    - Stellenwechsel als „Auf- / Abstieg",
    - Wechsel des Arbeitsgebietes.

c. *Firmen-/Branchenanalyse*
    Inhaltliche Betrachtung: unterschiedliche Firmen- und / oder Branchenarten werden betrachtet.
    Beispiele:

- Arbeitgeber gleicher Größenordnung,
- Arbeitgeber gleicher Art bzw. Branche.

d. *Kontinuitätsanalyse*
    Inhaltliche Betrachtung: Prüfung eines sinnvollen bzw. systematischen Aufbaus der bisherigen beruflichen Entwicklung des / der Bewerbers/in.
    Beispiele:
    - berufliche systematische Weiterentwicklung,
    - zielorientierte Stellenwechsel,
    - geradliniger Durchlauf von Schul-/Ausbildungszeiten.

3. Situationsbeschreibung: *„Beschaffung mal anders"*

Im Rahmen eines bevorstehenden Kongresses, zu dem das Unternehmen Z eingeladen wurde, sollen Sie als dessen Vertreter/in einen Vortrag zu folgenden Beschaffungsinstrumenten ausarbeiten:

3.1 Personalberatung.
3.2 Arbeitnehmerüberlassung.

Erläutern Sie dabei je zwei Beispiele für Vor- und Nachteile der genannten Beschaffungsinstrumente.

Lösungshinweise:
3.1
Häufig genannte Vorteile (Beispiele) für den Einsatz von Personalberatern:
- Suchendes Unternehmen bleibt anonym.
- Nutzung spezieller Arbeitsmarktkenntnisse der Personalberatung.
Häufig genannte Nachteile (Beispiele) für den Einsatz von Personalberatern:
- Kostenintensiv.
- In der Regel nur für spezielle Fach- und Führungspositionen geeignet.

3.2
Häufig genannte Vorteile (Beispiele) für Arbeitnehmerüberlassung:
- Kurzfristige Verfügbarkeit von Arbeitnehmern (on demand).
- Beschäftigungsrisiko trägt der Verleiher.
Häufig genannte Nachteile (Beispiele) für Arbeitnehmerüberlassung:
- Mögliche Integrationsprobleme der Leiharbeitnehmer im Unternehmen.
- Entgeltkosten höher als beim Stammpersonal.

4. Situationsbeschreibung: *„Stellenanzeigen mit System"*

Im Rahmen der Rekrutierung von neuen Arbeitnehmern bietet sich neben der Stellenausschreibung auf Onlineportalen auch die Schaltung von Print-Stellenanzeigen an. Des Weiteren unterscheidet man offene und verdeckte (anonyme) Stellenanzeigen.

4.1 In der betrieblichen Praxis wird bezüglich der Gestaltung solcher Stellenanzeigen eine systematische Aufbau- und Gliederungsreihenfolge vorgeschlagen. Erörtern Sie eine solche systematische Gestaltung.

4.2 Erörtern Sie die Vorteile offener gegenüber verdeckter Stellenanzeigen auf Onlineportalen.

Lösungshinweise:
4.1
Folgende Aufbau- und Gliederungsreihenfolge wird in der Literatur empfohlen:
1. „Wir sind": Hierbei handelt es sich um Informationen zum werbenden Unternehmen
(z. B. Standort, Größe, Branche).
2. „Wir haben": Kurze Darstellung der Tätigkeitsgebiete des neuen Arbeitnehmers
(z. B. Skizzierung der Aufgaben, Unter- / Überstellungsverhältnisse).
3. „Wir suchen": Kurze Beschreibung des Anforderungsprofiles der Stelle
(z. B. Qualifikationen, Fachkenntnisse, Berufserfahrung).
4. „Wir bieten": Nennung vorhandener betrieblicher materieller und immaterieller
Anreizsysteme (z. B. Lohn- und Gehaltshinweise, Sozialleistungen, Aufstiegsmöglichkeiten).
5. „Wir erwarten": Hierbei wird der Bewerber zur Nennung verschiedener Informationen
aufgefordert: Einstellungstermin, Umfang der Bewerbungsunterlagen, Gehaltsvorstellungen,
weitere Kontaktdaten.

4.2
Als Vorteile offener gegenüber verdeckter Stellenanzeigen auf Onlineportalen werden in der
Literatur u. a. folgende Beispiele genannt:
- Positiver Marketingeffekt für das Unternehmen (Imagewerbung).
- Bessere Identifikation des Bewerbers mit dem genannten Unternehmen.
- Großes Verbreitungsgebiet.
- Schnelle Möglichkeit der Modifikation der Stellenanzeige.
- Bessere Auswertungsmöglichkeiten von Bewerbungen im Rahmen von elektronischen
  Bewerbungsmanagementsystemen.
- Kostenersparnis gegenüber offenen Printanzeigen.

5. Situationsbeschreibung: *„Die Sache mit der Bewerber-Beschaffung"*

Das Unternehmen Z sucht in verschiedenen Abteilungen dringend zusätzliches Personal.
Da ein Betriebsrat besteht, erfolgt zunächst eine innerbetriebliche Stellenausschreibung, auf
die sich zwei Bewerber melden. Zusätzlich wurde eine externe Anzeige in einschlägigen
Print-Medien geschaltet. Hierauf gehen Bewerbungsunterlagen von zehn männlichen und fünf
weiblichen Bewerbern ein. Allen externen Bewerbern wird ein Personalfragebogen
zugeschickt, der nach Rücksendung zusammen mit den bereits vorliegenden Unterlagen
ausgewertet wird.

5.1 Erläutern Sie die Beteiligungsrechte des Betriebsrats in Bezug auf die
innerbetriebliche Stellenausschreibung und die Bewerberauswahl.

5.2 Beschreiben Sie vier Argumente die für eine externe Stellenausschreibung sprechen.

5.3 Eine Stellenanzeige in einem Print-Medium kann „offen" unter Nennung des
Unternehmens oder auch „verdeckt" als Chiffreanzeige erfolgen. Beschreiben Sie
jeweils zwei Vorteile dieser beiden Möglichkeiten.

5.4 Der eingangs genannte Personalfragebogen enthält u. a. folgende Fragengebiete:
    5.4.1 Krankheiten
    5.4.2 Schwangerschaften
    5.4.3 Vorstrafen
    5.4.4 Gewerkschaftszugehörigkeit
Erläutern Sie die rechtliche Zulässigkeit solcher Fragen im verwendeten Personalfragebogen.

Lösungshinweise:
5.1
Der Betriebsrat kann nach § 93 BetrVG eine interne Stellenausschreibung verlangen. Verlangt er dies und der Arbeitgeber leistet dem nicht Folge, kann der Betriebsrat nach § 99 II, Zif. 5 BetrVG die Zustimmung zu einer externen Einstellung verweigern. Des Weiteren hat der Arbeitgeber nach § 99 I BetrVG den Betriebsrat rechtzeitig und umfassend vor jeder Einstellung zu unterrichten und ihm die entsprechenden Bewerbungsunterlagen vorzulegen. Nach Rechtsprechung des Bundesarbeitsgerichtes kann der Betriebsrat die Unterlagen aller Bewerber zur Einsicht verlangen; d. h. nicht nur diejenigen Unterlagen welche der Arbeitgeber in die engere Wahl genommen hat.

5.2
Als häufig genannte Vorteile (Beispiele) seien genannt:
- Größere Anzahl von Bewerbern.
- Neue Arbeitnehmer bringen Impulse und Ideen („frischen Wind").
- Gegebenenfalls sind intern keine geeigneten Arbeitnehmer für speziell gesuchte
  Anforderungen vorhanden.
- Die Einstellung externer Arbeitnehmer löst den Personalbedarf direkt; interne Stellenbesetzungen verschieben den Personalbedarf nur.

5.3
Vorteile (Beispiele) einer offenen Stellenanzeige:
- Imagewerbung für das Unternehmen.
- Stellt für den Bewerber keine Hemmschwelle für eine Bewerbung durch Anonymisierung des Unternehmers dar.
Vorteile (Beispiele) einer Chiffreanzeige:
- Konkurrenzunternehmen erhalten keine Informationen über die Stellensuche.
- Keine internen Positionskonflikte falls die ausgeschriebene Stelle noch besetzt ist.

5.4
5.4.1 Krankheiten: Frage grundsätzlich zulässig, sofern ein konkreter Bezug zum Arbeitsplatz besteht (z. B. Bandscheibenvorfälle bei Arbeitnehmern im Lagerbereich).
5.4.2 Schwangerschaften: Nach § 1, Alt. 3 AGG grundsätzlich nicht zulässig, da es sich um einen Diskriminierungssachverhalt handelt.
5.4.3 Vorstrafen: Frage grundsätzlich zulässig, wenn konkreter Bezug zur Stelle besteht (z. B. Betrug, Unterschlagung bei Tätigkeiten im Finanzbereich).
5.4.4 Gewerkschaftszugehörigkeit: Frage grundsätzlich nicht zulässig. Ausnahmen stellen Tendenzbetriebe dar (z. B. Gewerkschaften, Parteien, Kirchen und deren Organisationen).

6. Situationsbeschreibung: „Die Sache mit dem ersten Tag"

Eine repräsentative Befragung am Arbeitsmarkt ergab, dass viele Arbeitnehmer den Beginn eines Arbeitsverhältnisses emotional zunächst als Belastung empfinden. Modern geführte Unternehmen versuchen inzwischen durch strukturierte Abläufe eine systematische Einführung von Arbeitnehmern in ihrem Unternehmen durchzuführen. Erörtern Sie Gründe die aus Sicht eines Unternehmens für eine systematische Einführung von Arbeitnehmern sprechen können.

Lösungshinweise:
Beispiele die als Gründe für eine systematische Arbeitnehmereinführung aus Sicht eines Unternehmens angeführt werden können:
- *Sicherung von Qualitätsstandards.*
- *Förderung der Identifikation mit dem Unternehmen.*
- *Bessere Eingliederung in organisatorische Abläufe bzw. Gruppen.*
- *Schnellere Einsatzfähigkeit bzgl. der Aufgabenerledigung.*
- *Förderung der Arbeitszufriedenheit und Motivation.*

7. Situationsbeschreibung: „Kritik kann nicht jeder"

Im Rahmen der Personalführung werden häufig Mitarbeitergespräche in Form von Zielvereinbarungs-, Beurteilungs- und Kritikgesprächen unterschieden. Oft ist die Grenze zwischen den drei genannten Gesprächsarten fließend, weil verschiedene Inhalte miteinander in Zusammenhang gebracht werden können. In der betrieblichen Praxis erfährt das Kritikgespräch mit Arbeitnehmern eine besondere Beachtung.

7.1　Erläutern Sie die Grundsätze eines konstruktiven Kritikgespräches anhand von fünf Punkten.

7.2　Aus Sicht eines modernen Personalmanagements sollte ein Kritikgespräch einen systematischen Aufbau und Ablauf haben. Erörtern Sie wie ein solcher Aufbau und Ablauf gestaltet werden könnte.

Lösungshinweise:
7.1
Bei der Durchführung eines konstruktiven Kritikgespräches sollten folgende Grundsätze beachtet werden:
- *Kritik sollte nicht „öffentlich" durchgeführt werden, d. h. nicht in Anwesenheit von weiteren unbeteiligten Personen. Solche Gespräche sind immer unter „vier" Augen zu führen.*
- *Kein unbeherrschtes Verhalten als Gesprächsbasis, d. h. ein Kritikgespräch soll z. B. von einem Vorgesetzten nicht im Zustand einer persönlichen Verärgerung geführt werden.*
- *Selbstwertgefühl des Gesprächspartners darf nicht verletzt werden (z. B. keine Beleidigungen).*
- *Kritikgespräche sind auf der Sachebene und nicht auf der persönlichen Ebene zu führen.*
- *Sachverhalte der Kritik sind konkret anzusprechen; es sollen keine Verallgemeinerungen vorgenommen werden.*

7.2
Für den Verlauf eines konstruktiven Kritikgesprächs werden in der betrieblichen Praxis u. a. folgende Schritte empfohlen:
1. *Schaffung einer Kontaktbrücke (z. B. positive Elemente/Sachverhalte zu Beginn nennen).*
2. *Darstellung der Sichtweise des Vorgesetzten bzgl. des Arbeitnehmerverhaltens und dessen Auswirkungen (Informationsphase).*
3. *Stellungnahme des Arbeitnehmers anhören (Argumentationsphase).*
4. *Gemeinsame Suche nach Ursachen und Lösungsalternativen.*

5. *Bewertung der Alternativen und Festlegung von Maßnahmen bzw. Veränderungen (Beschlussphase).*
6. *Vereinbarung und schriftliche Fixierung der beschlossenen Vorgehensweise.*

Notizen: